L'ARGENT NOIR DES SYNDICATS

Des mêmes auteurs

Roger Lenglet

Profession corrupteur. La France de la corruption, Paris, Jean-Claude Gawsewitch éditeur, 2007.

Sarkozy vu par les Français, Paris, Éd. Pascal, coll. « Les Doxologues », 2007.

Ségolène vue par les Français, Paris, Éd. Pascal, coll. « Les Doxologues », 2007.

L'Eau des multinationales. Les vérités inavouables (avec J.-L. Touly), Paris, Fayard, 2006.

Le Dernier Mot (avec A.-F. Hubau), Paris, Librio, 2006.

Silence, on intoxique (avec A. Aschieri), Paris, La Découverte, 2005.

Tabac. Arnaque, danger et désintoxication (avec M. Langre *et al.*), Paris, Librio-Mutualité française, 2004.

L'Industrie du mensonge. Lobbying, communication, publicité et médias (édition complétée de *Toxic Sludges* de J. Stauber et S. Rampton), Marseille, Agone, coll. « Contre-feux », 2004.

L'Eau de Vivendi (avec J.-L. Touly), Paris, Alias, 2003.

Repenser l'offre de soins. Pour une véritable politique de santé publique, Paris, Éd. de l'Atelier et de la Mutualité française, coll. « Horizon santé », 2000.

Des lobbies contre la santé (avec le Dr B. Topuz), Paris, Syros-Mutualité française, coll. « Société-santé », 1998.

Qui décide de notre santé ? (avec F. Desriaux, sous la dir. de M. Cassou et J.-M. Schiff), Paris, Syros, 1998.

Les Enjeux du médicament, Paris, Éd. Mutualité française, coll. « Horizon santé », 1997.

L'Affaire de l'amiante, Paris, La Découverte, 1996.

Les Ignorances des savants (avec T. Ivainer), Paris, Maisonneuve et Larose, 1996.

Le Griffonnage. Esthétique des gestes machinaux, Paris, François Bourin-Julliard, 1992.

Roger Lenglet, sous le pseudonyme de Pierre Simon

Les Drogues (avec W. Lowenstein *et al.*), Paris, Librio-Mutualité française, 2005.

Le Dico de la santé. Déchiffrer le vocabulaire médical au quotidien (avec M. Langre), Paris, Librio-Mutualité française, 2005.

Sites pollués en France. Enquête sur un scandale sanitaire (avec F. Ogé), Paris, Librio, 2004.

Jean-Luc Touly

L'Eau des multinationales. Les vérités inavouables (avec R. Lenglet), Paris, Fayard, 2006.

L'Eau de Vivendi (avec R. Lenglet), Paris, Alias, 2003.

Roger Lenglet,
Christophe Mongermont et Jean-Luc Touly

L'argent noir des syndicats

Fayard

ISBN : 978-2-213-63282-7

À Annette, Pascale et Anne

Les syndicats sont comme les fleurs,
ils meurent quand on les arrose trop.

Antoine FALET, ancien syndicaliste.

Remerciements

Nous remercions tous ceux qui ont osé nous parler et tous ceux qui nous ont encouragés ; et nous remercions particulièrement Albert et Betty.

Introduction

La corruption des syndicats est-elle un mythe ou une réalité ? Quelle est son ampleur ? Quels sont les méthodes utilisées par les employeurs et les objectifs qu'ils visent ? Pour répondre à ces questions aujourd'hui brûlantes, nous avons entrepris une longue enquête à travers la France qui nous a menés au cœur de nombreuses sociétés. Il nous a fallu pousser des portes qui ne s'ouvraient pas facilement, déranger des habitudes, délier des langues...

Le scandale des caisses noires de l'Union des industries et des métiers de la métallurgie (UIMM) soulève ces questions avec une acuité sans précédent. L'affaire, survenue au beau milieu de notre enquête, nous a apporté une opportunité inespérée : elle a soudain rendu encore plus légitime nos investigations aux yeux de tous ceux que nous approchions. Elle a aussi aidé certains à s'ébrouer et à nous parler.

La réalité s'est révélée plus accablante que nous ne nous y attendions. Pourtant, nos activités habituelles ont souvent mis notre faculté d'indignation à rude épreuve :

nous sommes deux syndicalistes actifs et un journaliste d'investigation, tous les trois attentifs aux pratiques d'influence depuis des années. Autrement dit, nous ne cultivons pas la naïveté.

Les faits apparaîtront d'autant plus révoltants au lecteur que nous lui donnons à voir les choses concrètement, au plus près des acteurs, des témoins directs et parfois des procès. On ne peut pas faire l'économie du terrain pour approcher la corruption, ni en rester à des considérations générales ou abstraites. Ce qui est vrai pour n'importe quel objet d'étude l'est encore davantage quand il s'agit, comme ici, de pratiques cachées ou travesties.

Méfiants et méthodiques, nous avons refusé d'enfiler les sabots du discours commun qui réduit *a priori* le phénomène de la corruption à des « effets de système », à la désyndicalisation des salariés et à l'insuffisance des cotisations qui obligeraient les syndicats à recourir aux financements douteux. La mondialisation, la compétition exacerbée des entreprises et l'individualisation des salariés (on ne dit plus l'embourgeoisement) expliquent peut-être en partie une généralisation des pratiques déloyales, mais nous ne voulions pas nous offrir la théorie avant d'avoir recueilli les données. Incriminer exclusivement les structures et les cercles vicieux, voire le contexte général de la crise économique, évite de mettre les mains dans le cambouis et de se faire des ennemis. Cette attitude confortable fait oublier qu'au cœur de tout système il y a des acteurs. Règle que le droit, lui, n'omet pas : la responsabilité de chacun, c'est-à-dire la liberté de dire non à ces pratiques illégales, de résister. Faut-il le rappeler, la moralité des protagonistes, employeurs et syndicalistes, relève pour une part essentielle d'eux-mêmes. Nier cela revient à considérer que les délits ne sont imputables à personne en particulier et que la victime est autant coupable que son meurtrier ou son escroc. En l'occurrence, la victime est bel et bien le salarié dont les intérêts sont trahis, avec tout ce que cela implique comme conséquences négatives dans sa vie quotidienne. Voilà pourquoi nous avons choisi de nommer, à côté des syndicalistes qui ont fait preuve de courage en refusant de se laisser corrompre, les entreprises et ceux qui ont apporté leur concours à cette gangrène.

Découvrant que le scandale concerne les secteurs d'activité les plus divers, et pas seulement l'UIMM, les positions de Laurence Parisot et du Medef apparaissent sous un tout autre jour, comme nous le verrons, et appellent des mesures à la hauteur des enjeux. Elles nous contraignent par ailleurs à renouveler la lecture de la crise du syndicalisme et à mettre sur la table les conditions de son renouvellement.

PREMIÈRE PARTIE

Les véritables secrets de famille

Chapitre premier

45 000 patrons assurés d'avoir la paix

Le filet était prêt, il suffisait de le remonter. Les inspecteurs de Tracfin, le service chargé de repérer les flux financiers douteux, essentiellement sur la base de dénonciations, avaient déjà traqué des poissons de grande taille, des requins aguerris. Mais les conditions semblaient cette fois particulièrement propices à la capture de toute une bande, en cette année 2004, et surtout pour aller jusqu'au bout. En témoigne tout d'abord la qualité des délateurs : ce n'était pas un corbeau qui les balançait, mais la direction d'une banque, en l'occurrence la BNP Paribas. Contrairement au dossier Clearstream, les informations étaient précises : montants des comptes bancaires, références parfaitement identifiées, dates et lieux des retraits en liquide, un demi-million d'euros en liasses de billets par-ci, un million d'euros par-là... Ce n'est pas tous les jours qu'une banque se fait ce genre de publicité en dénonçant ses meilleurs clients...

« Il va y avoir du sport », murmurait-on dans les couloirs du service. On se comprenait à demi-mot. On allait « sortir du gros », si le gouvernement n'y voyait pas d'inconvénient, bien sûr, à commencer par les autorités de tutelle : le ministère de l'Économie et des Finances. Les inspecteurs directement concernés restaient presque muets sur le sujet, ainsi que leurs confrères. En temps ordinaire, Tracfin n'est déjà pas très causant, mais là... Pour une fois qu'ils pouvaient attraper le haut du panier, ils n'allaient pas risquer de tout gâcher en bavardant. Briefés au quart de poil, les fins limiers. Les rares journalistes d'investigation qui gravitaient autour de la cellule, attentifs aux soupirs et aux sourires des fonctionnaires, sentaient juste la pression.

Une expression d'un haut fonctionnaire du ministère des Finances était parvenue jusqu'à nos oreilles : « Cette fois, ce n'est plus du requin, mais plutôt du cachalot ! » Cela signifiait qu'il s'agissait de mastodontes, difficiles à piéger, batailleurs redoutables, déchirant généralement les mailles du filet avant d'être remontés. Mais la métaphore ne laissait pas filtrer d'information exploitable par la presse ; appétissante tout au plus, mais pas de quoi faire un papier.

Au printemps de cette année-là, le directeur adjoint de Tracfin, Jean-Marc Maury, avait prévenu le cabinet du ministre des Finances d'alors, Nicolas Sarkozy. Le dossier était de la sorte entre les mains de l'homme qui se rêvait déjà en président de la République, et sur le bureau du président en exercice, Jacques Chirac. L'un et l'autre évaluèrent l'opportunité de diligenter l'enquête ou, au contraire, d'adopter un train de sénateur pour brandir l'affaire au bon moment, voire pour l'enterrer. Pas de précipitation. C'était une pièce de plus sur leur échiquier politique, et pas n'importe laquelle : à l'évidence, elle pouvait permettre de manœuvrer quelques barons du patronat français, de renforcer les liens avec les P-DG les plus puissants du CAC 40 et de consolider la position des patrons de leur propre écurie au sein du Medef.

Résultat, Tracfin ne reçut aucune directive l'autorisant à saisir la justice. Le dossier fut mis en attente. Les successeurs de Nicolas Sarkozy à la tête du ministère des Finances, Hervé Gaymard puis Thierry Breton, jugèrent bon également de le laisser dans les tiroirs.

Il fallut attendre la rentrée de septembre 2007, soit plusieurs mois après l'installation de Nicolas Sarkozy dans le fauteuil présidentiel, pour que l'Élysée et les Finances autorisent enfin la transmission du dossier au parquet de Paris. Saisi, ce dernier ouvrit une enquête préliminaire le 26 septembre et sollicita la Brigade financière. Les dés, pipés ou non, étaient jetés. Bénéficiant d'une fuite opportune, *Le Figaro*, sous la plume d'Éric Decouty, annonça l'ouverture de l'enquête. Détaillant le dossier, les enquêteurs de la Brigade formés aux arcanes des pratiques bancaires n'en revenaient pas : les informations livrées par la BNP Paribas sur les sorties en liquide de millions d'euros, commentées et consolidées par Tracfin, mettaient en cause des dirigeants patronaux parmi les plus influents. En tête de liste, on citait même le nom de Denis Gautier-Sauvagnac, grand prêtre du Medef dans la négociation sur la modernisation du droit du travail. Perquisitions et arrestations allaient pleuvoir. Le négociateur du patronat s'apprêtait à passer 48 heures en garde à vue dans les locaux de la brigade financière...

Nom : Denis Marie François Antoine Gautier-Sauvagnac, dit « DGS ». Né le 28 mai 1943 à Paris, dans le XVIe arrondissement, fils de banquier, marié le 3 juillet 1965 à Solange Fauchon de Villeptée.

Fonction actuelle : représentant du Medef auprès des décideurs politiques et des syndicats de salariés. Fonctions passées : inspecteur général adjoint des Finances (1969), attaché à la direction du Trésor (1971), attaché financier à la représentation permanente de la France auprès des Communautés européennes (1972), conseiller pour les Affaires économiques et financières (1973), directeur du cabinet de François Xavier Ortoli (1978), président de la commission des Communautés européennes, secrétaire général adjoint du comité interministériel pour les questions de coopération économique européenne (1978-79), maître de conférences à l'Institut d'études politique de Paris (1969-1972), directeur général de l'Union laitière normande (1981-1985), directeur de cabinet de François Guillaume à l'Agriculture (1986-1988), chargé de mission à la direction générale de la Caisse nationale du Crédit agricole (1988), inspecteur général des Finances (1990), P-DG de la banque Kleinwort Benson Limited (1991), vice-président délégué général de l'UIMM depuis 1996, président de l'Unedic de 1994 à 1996 et de 1998 à 2001.

Signe particulier : s'étonne quand les inspecteurs de la Brigade financière lui demandent pourquoi il retire régulièrement de divers comptes bancaires d'épaisses liasses de billets de 500 euros, de quoi remplir de grandes enveloppes, parfois des mallettes entières. Il se présente comme un bon Samaritain veillant à « fluidifier le dialogue social ». DGS refuse de donner les noms des destinataires de ses bonnes actions.

Loisir préféré : participe à divers groupes de réflexion (dits « *think tanks* ») élaborant des plans de reconquête économique et sociale pour défendre les intérêts des grands groupes financiers et industriels, tout particulièrement ceux de l'Union des industries et des métiers de la métallurgique (UIMM) dont il est le président au moment de son interpellation. Il met aussi en œuvre des opérations de « lobbying classique », selon sa propre expression, financées sur des caisses noires.

Formation initiale : licencié *es* sciences économiques, diplômé de l'Institut d'études politiques de Paris, et élève de l'ENA en 1965.

La chef comptable de l'UIMM, Dominique Renaud, fut également interrogée pendant 48 heures. Il en ressortait notamment que des prélèvements d'espèces, d'un montant de 19 millions d'euros, avaient été faits entre 2000 et 2007 sur quatre comptes de l'organisation patronale et dans deux établissements bancaires. Aucune trace écrite n'était conservée de ces opérations. La chef comptable avait détruit systématiquement les preuves en éliminant les reçus que lui remettait Denis Gautier-Sauvagnac contre l'argent liquide qu'elle retirait des comptes bancaires de l'UIMM.

D'autres personnes durent aussi faire face à la Brigade financière : une vingtaine en tout, certaines à plusieurs reprises. Parmi elles, d'anciens responsables du Medef et de l'UIMM : Yvon Gattaz, président du Conseil national du patronat français (CNPF, l'ancêtre du Medef) de 1981 à 1986, Daniel Dewavrin, président de l'UIMM de 1999 à 2006 et ancien P-DG de la société d'armement Luchaire – laquelle s'était illustrée au cours des années 1980 dans une affaire de trafic d'armes en direction du Moyen-Orient, recevant l'aval discret du ministère de la Défense, passant par une fluidification des douanes et des services de renseignement italiens... À la surprise générale, Gattaz et Dewavrin confirmèrent à la Brigade que « ces pratiques [avaient] toujours existé ». Des perquisitions furent menées, en particulier au siège de l'UIMM, au domicile parisien de DGS et dans son manoir de Normandie, chez Devawrin... Mais, comme le remarquèrent des magistrats, chacun avait déjà eu le temps de faire le ménage dans ses dossiers.

Au passage, les enquêteurs apprirent tout de même qu'une quinzaine de salariés de l'UIMM avaient obtenu des prêts de la fédération à des taux qui ne se refusent pas, dont DGS, qui bénéficia en 2005 d'un prêt de 300 000 euros remboursable à 3 % en 2013, « pour racheter son appartement de fonctions ». Daniel Dewavrin reconnaissait avoir emprunté quelques milliers d'euros pour partir en week-end, parce qu'il « n'avait pas eu le temps de passer à la banque »...

Quant aux heureux bénéficiaires des mallettes d'argent, ils ne s'inquiétèrent guère pour l'heure, DGS refusant de donner le moindre nom. On en resta donc à la nébuleuse des « partenaires sociaux » qui participent aujourd'hui au visqueux « dialogue social ». Les enquêteurs en étaient réduits à « privilégier la piste d'un financement syndical », pour reprendre les termes des déclarations adressées à la presse.

DGS ressortait libre après deux jours d'interrogatoire. Il en avait trop dit et pas assez. Du coup, au début du mois de décembre 2007, le procureur de la République de Paris annonçait qu'il ouvrait une information judiciaire visant notamment DGS pour « abus de confiance », et ce concernant l'utilisation des fonds retirés en liquide des caisses de l'UIMM et ne correspondant pas à son objet social. Le procureur précisa que la chef comptable était aussi visée par une information judiciaire, pour « complicité d'abus de confiance » et « recel et destruction de preuves ». Il déclara enfin qu'au-delà de ces protagonistes, une instruction non nominative était ouverte « contre tous les autres » pour « recel d'abus de confiance » et « travail dissimulé », lequel mettait en cause le paiement au noir de « compléments de salaires ». Les interrogatoires de la Brigade venaient en effet de faire ressortir que des salariés de l'UIMM avaient bénéficié de libéralités, notamment de primes en liquide de 10 000 euros, parfois au-delà.

La procédure entraîna la désignation d'un juge d'instruction, Roger Le Loire, chargé d'enquêter sur l'affaire dite des « caisses noires » de l'UIMM.

La branche la plus influente du Medef

Vous avez dit Union des industries et des métiers de la métallurgie ? Nos ignorances sont fascinantes. Jusqu'au récent scandale, le grand public ne connaissait pas cette grande dame immensément riche qui plaçait des centaines de millions d'euros sur des comptes bancaires occultes afin que les « fluidificateurs » des rapports sociaux en disposent à discrétion. De nombreux journalistes ignoraient même jusqu'à son existence. Pourtant, elle règne depuis deux siècles sur l'économie française et, à bien des égards, sur les orientations politiques de la France. Pas une loi n'est votée, pas un décret n'est pris sans d'abord faire l'objet, quand elle le souhaite, de ses soins attentifs.

Sa discrétion médiatique, il est vrai, a toujours dissimulé sa puissance aux yeux du grand nombre. Pour commencer, son nom à rallonge, qui évoque la rouille, le hurlement des métaux et le travail à la chaîne, n'est pas fait pour attirer les foules en quête de distraction : l'Union des industries et des métiers de la métallurgie ou, pour faire court, l'UIMM, ne retient habituellement l'attention que des décideurs et des esprits les plus aiguisés. Ces derniers savent qu'elle a toujours été la branche la plus influente et la plus tranchante du syndicat des patrons, le Medef. Certains l'ont surnommée « le cœur d'acier du patronat », pour souligner son pouvoir et sa dureté dans les négociations avec les représentants des syndicats ouvriers et des gouvernements. L'idée qu'elle pacifie la vie sociale avec de généreuses liquidités ne manque pas d'ironie, mais n'étonne guère ceux qui la connaissent et redoute ses roueries.

Baptisée en 1864 sous le nom de Comité des forges par Eugène Schneider, un ancêtre du baron Ernest-Antoine Seillière, et Charles de Wendel, l'UIMM fédère aujourd'hui 45 000 entreprises. Rien moins ! Elle dépasse d'ailleurs de très loin ce que l'on imagine d'ordinaire sous le nom des industries métallurgiques : on y retrouve les constructeurs automobiles, la construction navale, le nucléaire, l'électronique, les équipements ferroviaires et même la plasturgie... Une force de frappe qui explique en grande partie qu'elle ait présidé le CNPF plus souvent qu'à son tour, puis le Medef, sans partage[1]. Et qui permet de comprendre pourquoi tous

1. Présidents du Medef (ou CNPF) : 1946 à 1966 : Georges Villiers (UIMM) ; 1966 à 1972 : Paul Huvelin (UIMM) ; 1972 à 1981 : François Ceyrac (UIMM) ; 1981 à 1986 : Yvon Gattaz (UIMM) ; 1986 à 1994 : François Perigot (il est passé par l'UIMM) ; 1994 à 1997 : Jean Gandois (il est passé par l'UIMM) ; 1997 à 2005 : Ernest-Antoine Seillière (UIMM) ; depuis 2005 : Laurence Parisot.

les gouvernements, de gauche comme de droite, lui ont toujours laissé un grand pouvoir, tout particulièrement en matière de négociation avec les centrales syndicales.

Dure, l'IUMM l'a toujours été avec les ouvriers, féroce même. Jusqu'aux années 2000, le sigle UIMM avait une signification légèrement différente qui faisait clairement référence au secteur minier : UIMM se déclinait en « Union des industries métallurgiques et minières », car elle regroupait aussi les industries d'extraction de minéraux. Lesquelles comptaient, jusqu'à une date récente, les producteurs de charbon et d'amiante français, dont ceux qui, tel Saint-Gobain, commercialisaient aussi bien les funestes fibres que d'autres minéraux puissamment cancérigènes, comme les céramiques, pour ne pas parler de la laine de roche, sans que les syndicats ouvriers ne se mobilisent malgré les victimes en surnombre dans ces secteurs. Officiellement, les services de communication de l'UIMM ne disent pas que l'immense scandale de l'amiante, qui devrait encore tuer 150 000 Français au cours des prochaines années, a contribué à la relégation de l'expression « minière », mais il était devenu évident qu'elle ternissait le blason de la confédération patronale. Le

Présidents de l'UIMM : 1968-1970 : François Ceyrac ; 1970-1971 : Marcel Petiet ; 1971-1973 : François Ceyrac ; 1973-1983 : Georges Ferrand et Jean Cantenot, en alternance ; 1983-1985 : Georges Ferrand ; 1985-1992 : Jean d'Huart et Arnaud Leenhardt, en alternance ; 1992-1999 : Arnaud Leenhardt ; 1999-2006 : Daniel Dewavrin ; 2006-2007 : Denis Gautier-Sauvagnac.

moins qu'on puisse dire est que la mémoire ouvrière n'en a pas conservé que des souvenirs de bonheur.

On sait depuis la rentrée 2007 que l'UIMM, branche la plus fortunée du Medef, en est également une branche très « lubrifiante ». La formule appartient désormais à l'imaginaire collectif : « lubrifier les rapports sociaux », ces mots employés par Denis Gautier-Sauvagnac, pour justifier auprès des inspecteurs de la Brigade financière ses retraits en liquide d'un fonds qu'on estime à plus de 700 millions d'euros, ont marqué l'opinion et sont allés enrichir le folklore ironique des expressions populaires.

Comme on l'a vu lors de son premier interrogatoire, le négociateur reste droit dans ses bottes, sans aucune intention d'avouer les noms des heureux bénéficiaires de cet argent. Mais sa formule est explicite quant à la destination générale de la manne, compte tenu des « rapports sociaux » dont s'occupe habituellement le représentant du Medef : l'expression renvoie clairement aux relations qu'entretient le patronat avec les syndicats ; fluidifier ces rapports avec de l'argent liquide ne les rend pas plus limpides, même si l'on nage en eaux troubles.

Pensant venir au secours de DGS en crevant l'abcès, d'anciens dirigeants du patronat eux-mêmes s'épanchent devant les médias. Yvon Gattaz, par exemple, met les points sur les *i* face aux journalistes qui hésitent encore à y voir un financement des syndicats et à une partie de la presse qui détourne le soupçon en se demandant si l'argent n'était pas tout simplement destiné aux entreprises pour aider à affronter les mouvements de grève :

« Il y a eu des caisses anti-grèves qui ont été créées, c'est vrai, mais personne n'ose avouer que ça finance les syndicats depuis toujours. Le vrai problème qui est en train d'éclater aujourd'hui, c'est que le financement des syndicats est aussi obscur que l'était le financement des partis politiques il y a encore quelques années [1]. » Le même jour, il avoue à l'antenne d'une radio nationale que, « dès 1884, il y a eu une caisse qui alimentait les syndicats ». De son côté, Daniel Dewavrin reconnaît, dans un article du *Monde*, qu'il employait les mêmes procédés quand il était à la tête de l'UIMM avant DGS. Tous deux prétendent que cette pratique était de notoriété publique au sein des milieux patronaux. Comment a-t-on réussi à cacher de telles méthodes à l'opinion publique ?

Ces questions font qu'on se tourne inexorablement vers les patrons des confédérations ouvrières pour avoir des réponses. « Moi, j'ai des cas de militants qui m'ont expliqué avoir refusé, bon ben ça, c'est une chose... Mais heu, ce qui est... Vous ne pouvez pas savoir tout ce qui se passe, y compris dans cette maison, y compris partout... », déclare sur RTL Jean-Paul Mailly, le secrétaire général de FO [2]. On a l'impression qu'il marche sur des œufs. Il disculpe la confédération mais se garde bien de blanchir ses bases : s'il apparaissait que des financements avaient été versés au niveau des fédéra-

1. Sur FR3, le 16 octobre 2007.
2. Le 1er novembre 2007.

tions, l'honneur du bureau confédéral pourrait être sauvé. Le ton de Bernard Thibault est plus ferme, mais sa rhétorique sent le juridisme prudent : « Jamais un responsable patronal n'a apporté jusqu'à présent le plus petit début d'une preuve étayant cette affirmation. » À bon entendeur salut, le problème est nié et immédiatement réduit à son exploitation politique : « Je pense donc que c'est un moyen pour tenter de décrédibiliser l'action syndicale dans une période où la mobilisation sociale, le mécontentement social, le mécontentement sont à l'ordre du jour. » Voilà tout. À la tête de la CFDT, François Chérèque s'abrite aussi derrière la thèse du complot en accusant l'UIMM de vouloir remettre en cause la légitimité des syndicats à négocier la prochaine réforme du droit du travail... L'argument est balourd. Si l'UIMM peut rêver de remettre en question la légitimité des syndicats, ce n'est certainement pas en se tirant une balle dans le pied et en traînant devant la justice ses propres dirigeants pour des pratiques illégales, notamment des « petits emprunts personnels ». Manifestement, ni DGS ni les autres n'avaient préparé d'explications satisfaisantes pour la Brigade. D'ailleurs, sans que la légitimité des syndicats soit remise en cause le moins du monde, le patronat obtiendra sans difficulté les signatures entérinant la réforme au mois de janvier 2008.

Gabriel Artero, le président de la CFE-CGC de la métallurgie se dit lui aussi surpris : « Définitivement, nous n'avons vu aucune mallette de qui que ce soit. »

Le malaise des leaders syndicaux est perceptible. Non seulement leurs réponses restent bien peu convaincantes, mais la faiblesse de leur réaction sidère les observateurs les plus attentifs. Il suffit, pour en prendre conscience, de penser à ce que leur réaction aurait été si pareille accusation avait été proférée dans les années 1970, à l'époque où les syndicats français représentaient encore l'immense majorité des salariés. Les leaders auraient organisé des conférences de presse et lancé des plaintes pour diffamation, ils auraient demandé à la justice d'avancer à une allure plus décidée, ils auraient consulté leurs bases, affronté des débats internes d'une immense ampleur. En 2007, alors que le pourcentage des salariés syndiqués est tombé sous la barre des 8 %, les confédérations semblent anesthésiées par l'affaire, ne communiquent qu'à reculons et adoptent un profil bas quand elles sont poussées dans leurs retranchements sous le feu de quelques questions légitimes. Complot ou non, il n'y aura pas de contre-offensive des leaders. On devine que si le gouvernement lui-même n'avait pas autorisé l'enquête sur les caisses noires du patronat, ce ne sont pas les directions syndicales qui l'auraient demandée. Décidément, quelque chose ne va pas. Dans les rédactions des chaînes de télévision et des radios, les journalistes qui reçoivent les grands patrons et les questionnent à ce sujet sont frappés par la nature des réponses : chacun d'eux était au courant, et chacun y va de ses anecdotes, même si la plupart le font tranquillement hors caméra, le sourire aux lèvres. Tous les patrons le savaient. Yvon

Jacob, le candidat perdant de l'UIMM à l'élection du président du Medef face à Laurence Parisot, déclare lui-même aux journalistes qu'il croise, hors antenne : « Mais vous devriez faire votre boulot, vous, les journalistes, tout le monde était au courant de l'existence de ces caisses noires ! » (Yves Bertrand, l'ancien directeur des Renseignements généraux, en pleine promotion d'un livre d'entretiens – *Je ne sais rien, mais je dirai presque tout*[1] –, confesse qu'il a lui-même « toujours été au courant de ces financements ». On peut le croire, si l'on songe qu'une des missions des inspecteurs des Renseignements généraux est d'identifier les personnes qui sont les plus susceptibles de créer des troubles dans la machine de production nationale et de prévoir les mouvements sociaux, en particulier les mouvements de grève et les manifestations. Un inspecteur des RG qui répond à quelques-unes de nos questions sur le fonctionnement de la maison nous explique que cette mission est encore au centre de ses activités, aujourd'hui comme hier : « C'est notre routine. Nous consacrons toujours beaucoup de temps à surveiller les relations entre les syndicalistes et les directions des entreprises. La seule chose qui a vraiment changé, c'est que nous obtenons des confidences beaucoup plus facilement de la part des protagonistes, nous discutons plus franchement avec les acteurs, nous avons moins besoin de procéder à des écoutes, les deals nous sont plus ou moins confiés. Nous prenons

---

1. Paris, Plon, 2007.

un peu des garanties sur la manière dont les conflits vont se dérouler. » Il ne nous en dira pas beaucoup plus, mais il ne conteste pas qu'en général les amabilités des entreprises et des politiques envers les syndicats constituent le contrepoint discret des accords, et que cela se pratique dans tous les secteurs d'activité en France. Nous apprenons aussi que les RG sont bien placés pour savoir que les décideurs politiques, notamment les élus locaux (maires, députés, conseillers ou présidents régionaux...), préfèrent aussi voir la paix régner dans les entreprises de leur ressort territorial, surtout celles qui leur apportent traditionnellement leur soutien sur le plan politique et financier. Nous reviendrons plus tard sur les formes que ce soutien peut prendre dans les localités. Quant au patron des RG, Yves Bertrand, est-il nécessaire de rappeler que sa fonction, comme celle de ses prédécesseurs, est de transmettre ses informations au ministre de l'Intérieur ? Lesquelles intéressent *ipso facto* les ministres de l'Économie, du Travail, de l'Industrie... de même que l'Élysée. Bref, il est impossible que les dieux de l'Olympe aient attendu l'enquête de Tracfin pour découvrir l'existence de ces pratiques. Au final, les seuls à l'ignorer sincèrement étaient l'opinion publique et ceux qui l'informent, c'est-à-dire vous et nous. Ce qui semble, comme toute, assez logique pour que le subterfuge continue de marcher.

Il faudrait croire aussi qu'un autre patron ignorait ces usages, ou plutôt une patronne, et non des moindres : Laurence Parisot, présidente du Medef. Les politiques et les leaders du Medef étaient au courant et s'y vautraient, les patrons les plus réputés mettaient la main à la poche, tous en riaient de concert, mais Laurence Parisot qui les côtoyait tous les jours, à commencer par DGS lui-même, au sein des réunions stratégiques ne savait pas. C'est du moins ce que cette conquérante déclare à la presse quand, au lendemain des premiers aveux de son grand négociateur, elle affronte les projecteurs, en tailleur noir (ce n'est pas son habitude), comme si elle portait un deuil de circonstance : « C'est quelque chose que nous ignorions totalement pour l'UIMM et que sûrement nous ignorons pour d'autres (...). Cela me fait l'effet de la révélation d'un secret de famille (...). Probablement que beaucoup savaient, inconsciemment[1]. » Yvon Gattaz le savait, il le dit et le répète, Daniel Dewavrin également, Denis Gautier-Sauvagnac n'ose pas encore se rétracter... Ils étaient tous au courant et même, à les croire, ils avaient fait savoir autour d'eux que ces pratiques, juridiquement dangereuses, pouvaient être avantageusement « modernisées[2] ». Elle, non, elle ignorait l'existence de ces procédés illégaux. Devant la presse, elle s'efforce de minimiser les dégâts, rappelle que « l'UIMM n'est qu'une fédération parmi les 600 que compte le Medef », oublie de dire que c'est la branche maîtresse, la plus riche, la plus puissance et celle qui

1. Déclaration au siège du Medef, le mardi 16 octobre 2007.

2. Yvon Gattaz et Daniel Dewavrin ont déclaré qu'ils avaient tentés de « remettre de l'ordre » dans la maison, en vain.

oxygène la plupart des fédérations du Medef. Elle réduit DGS à son rôle de président de branche, omettant de rappeler qu'il est le capitaine de l'équipe chargée de conduire les négociations les plus précieuses du Medef avec les syndicats, qu'il dirige les discussions sur la flexibilité des emplois, la pénibilité du travail, les intermittents du spectacle, etc. Elle conclut en demandant qu'à l'avenir une charte d'éthique encadre les pratiques. On a bien entendu : Laurence Parisot ne demande pas une loi, mais une simple charte, un engagement moral du patronat, une autorégulation. Désarmant.

L'attendrissante Laurence Parisot, à qui ces mêmes journalistes demandent pourquoi elle n'exige pas la démission de DGS des instances du Medef, bat des cils : « Et la présomption d'innocence ? » Soit. Mais que penser des aveux des uns et des autres ? Que deviennent les déclarations d'Yvon Gattaz et de Daniel Dewavrin qui confessent eux-mêmes publiquement « avoir fait la même chose » ?

Dans un premier temps, Laurence demandera le minimum à Denis : renoncer à conduire les délégations patronales dans les négociations avec les syndicats sur la modernisation du marché du travail et sa pénibilité. On se demande en effet comment les centrales ouvrières auraient pu apparaître crédibles face à celui qui avait laissé entendre qu'il les achetait. Déjà que l'opinion publique suspecte des arrangements fourbes dans les coulisses, mieux vaut éviter que la figure de DGS projette son ombre sur les accords.

Lorsque nous interrogeons des responsables de la communication du Medef sur l'affaire de l'UIMM et les pratiques du même genre dont ils auraient éventuellement connaissance, ils s'efforcent d'incarner la ligne fixée par Laurence Parisot, invoquant le fameux « inconscient » refoulant les « secrets de famille » à propos desquels seuls les protagonistes directs pourraient répondre. Autrement dit, ils bottent en touche. Soit. Si nous revenons à la charge en abordant les problèmes que ce scandale entraîne pour la crédibilité du Medef auprès de l'opinion et dans le cadre des négociations autour de la réforme du droit du travail, ils répondent : « Cette affaire nous fait très mal. Les syndicats nous accusent dans les médias d'avoir sorti ce scandale pour les fragiliser au moment de renégocier le droit du travail, mais en réalité notre image en souffre énormément et cela tombe au plus mauvais moment. Nous qui sommes à l'interface avec l'opinion publique, nous le vivons comme une catastrophe. Nous craignons les rebonds, le moindre dysfonctionnement chez nous risque de relancer le feu. Nous devons faire attention à tout. » Une façon délicate de dire que le Medef veut crédibiliser ces négociations en s'efforçant de verrouiller le dossier des financements douteux. Ils ne sont pas au bout de leur peine et ils le savent, car le patronat abrite bien d'autres secrets de famille, « caisses noires » et pratiques de toutes sortes, des mines près de sauter depuis des lustres, comme nous allons le voir.

De fait, quelques mois plus tard, au cours du mois de février 2008, alors que tout semblait replâtré, le vaisseau amiral du Medef va encore se fissurer. De nouveau, DGS est celui par qui le scandale arrive : on apprend qu'il quitte le pont de l'UIMM avec – filons notre métaphore maritime – une énorme bouée en or. Soit un pactole de 1,5 million d'euros, plus ses frais de justice et le remboursement des sommes que le fisc lui demanderait. Pour un homme faisant l'objet de poursuites judiciaires au motif d'« abus de confiance » dans une affaire de caisse noire portant sur des centaines de millions d'euros, l'indemnité paraît tout de même choquante. D'autant que le poste de président qu'il quitte était officiellement bénévole ! D'autant aussi que les actes qui lui sont reprochés font songer à ce qu'on appellerait ordinairement une « faute professionnelle grave ». N'importe quel salarié, dans des circonstances similaires, serait remercié sans ménagement et perdrait tout droit à prétendre à la moindre indemnité. Lui, non. Mieux, même, il impose des négociations. C'est son métier, ne l'oublions pas. Comment a-t-il pu négocier ce cadeau ? Voilà la question qui poussera aussitôt l'ensemble de la presse à soupçonner une tractation. Les journaux s'interrogent ouvertement : est-ce le prix de son silence que DGS a fixé au moment où il apprenait que, faute d'aveu sur les heureux destinataires des liquidités, il en serait considéré comme l'unique bénéficiaire et devrait donc assumer seul le redressement fiscal et les sanctions ? Ce parachute paraîtra assez indigne à Laurence Parisot pour qu'elle passe à l'attaque.

Avis de tempête sur l'image du patronat français : le patrimoine des chefs d'entreprise et des dirigeants du Medef commence à intéresser vivement les médias. Des observateurs se demandent pourquoi la justice avance depuis le début à pas lents et laisse les protagonistes mis en examen se concerter. L'affaire prend alors un tour épique, terriblement instructif au demeurant. Cette fois, Laurence Parisot se métamorphose : elle sort sa casquette de capitaine et reprend la barre. Manœuvre inattendue : elle demande à tous les responsables de l'UIMM qui ont des mandats nationaux à la tête des organismes sociaux de rendre leur tablier ! Du même coup, elle montre qu'elle a une pleine conscience de l'omniprésence de l'UIMM aux postes clés du gouvernement qui lui permettent de gérer de véritables trésors publics... Une centaine tout au plus sur 940, disent certains. « Oui, mais les plus importants », souligne-t-elle. Vient-elle soudain de découvrir cette mainmise de l'UIMM ? C'est peu probable, compte tenu de l'importance économique et stratégique de ces postes dans les rapports avec les syndicats. Ces organismes sont de véritables réservoirs d'argent pour les partenaires sociaux.

Les premiers tabliers rendus sont accrochés comme des prises de guerre, bien visibles, sur le pont du navire. Ces postes, qui ne resteront pas longtemps vacants, font apparaître que l'UIMM avait la haute main sur l'Unedic[1],

---

1. Union nationale interprofessionnelle pour l'emploi dans l'industrie et le commerce.

présidé par Michel de Virville, soupçonné d'avoir négocié l'indemnité de DGS. Cette présidence avait été assurée auparavant par DGS lui-même de 1994 à 1996 et de 1998 à 2001, puis par une représentante de la CFDT. Sont visées aussi la Fédération des institutions de retraite des cadres et l'Agirc, présidée par Dominique de Calan, délégué général adjoint de l'UIMM et mis en examen dans l'affaire des caisses noires. On apprend également que le 1 % logement est présidé par Daniel Dewavrin, et que Dominique de Calan représentait le Medef à la tête de la « banque » de la Sécurité sociale, l'Acoss (le même exerçant une quinzaine de mandats dans d'autres organismes sociaux).

Le Medef ne ressemble plus à un vaisseau de combat, mais à une nef folle dans la tourmente, craquant de partout, sur le point de se disloquer. Réunion de crise des vieux chefs dans les cales de l'UIMM. Les risques de mutinerie sont extrêmes. Les couloirs bruissent de rumeurs, on murmure que Laurence Parisot dispose elle-même d'un patrimoine conséquent… Puis les meneurs passent à l'attaque. DGS et Daniel Dewavrin prennent à partie la capitaine et l'accusent ouvertement : « Elle était au courant des caisses noires de l'UIMM. » Autrement dit, Laurence Parisot joue double jeu, et si elle veut décapiter les anciens, elle doit y passer elle aussi. « Ce sont des menteurs ! » rétorque-t-elle devant les caméras. « C'est elle la menteuse ! » entend-on de l'autre côté, toujours sous le feu des projecteurs. Les dialogues ne sont pas écrits pour un remake de série B des *Révoltés du Bounty*, c'est le patronat qui cause. La chef du Medef menace alors de porter plainte pour diffamation contre ses propres officiers. Lesquels se disent prêts à l'affronter devant un tribunal pour démontrer qu'elle était parfaitement au courant de l'existence de la caisse magique. Le message est cette fois parfaitement décodé : elle connaissait ce trésor, elle connaissait son emplacement sur la carte et ceux qui y avaient accès, sans le dénoncer publiquement. L'accusation des mutins est grave : ils laissent entendre que leur patronne s'en arrangeait tant que ça marchait comme sur des roulettes. On ne fait pas de telles déclarations sans consulter ses avocats quand on est sous le coup d'une information judiciaire dans un dossier aussi grave. DGS et Daniel Dewavrin sont forcément conscients qu'ils sont alors en train de charger Laurence Parisot d'une responsabilité juridique. Ils viennent de signifier qu'elle leur accordait sa complicité. Les attaquer en diffamation devient alors inévitable.

Au passage, on apprend que les versements auraient été parfois bien plus généreux qu'on ne l'avait imaginé...

Des langues se délient

L'abcès de l'UIMM contenant des fluidités nauséabondes est découvert, il suppure mais il n'est pas encore vidé. Ce faisant, il soulève d'importantes questions. Des questions que l'ensemble des citoyens devraient se poser avec fermeté. Or, même la presse éprouve parfois des difficultés à les formuler clairement, comme si l'appareil judiciaire en avait le monopole et devait seul décider de les affronter ou de s'en détourner. Au-delà même des bénéficiaires, quelles positions, quels dossiers, quels chantiers ont été corrompus ? Quels accords sociaux ? Lesquels devraient être impérativement remis sur la table ? Les autorités politiques qui ont fermé les yeux si longtemps sur ces financements illégaux ne doivent-elles pas aussi rendre des comptes devant la justice et l'opinion ? Qui paralysent-ils dans notre démocratie ? N'ont-ils qu'un impact mineur sur la vie sociale de notre pays ou bien neutralisent-ils les syndicats qui ont un rôle essentiel à jouer ? Il est capital de s'interroger et de trouver des réponses, au sein d'une république où les accords des « partenaires sociaux » décident de l'avenir de notre protection sociale, c'est-à-dire de nos retraites, de notre assurance-maladie, du chômage, du droit du travail et de l'indemnisation, et même, dans une large mesure, de notre pouvoir d'achat, à commencer par les salaires... Ne pas poser les questions avec rigueur et opiniâtreté, évoquer ces caisses noires comme s'il s'agissait d'un scandale d'officine qui n'agite qu'un secret de Polichinelle est un symptôme de la banalisation qui démobilise une majorité d'entre nous. L'émoussement de la faculté d'indignation et de mobilisation devrait nous effrayer, car il est la marque d'une société victime d'un état de corruption avancé, voire d'institutionnalisation des pratiques condamnables. L'idée même que nos gouvernements aient pu laisser perdurer cette pratique en connaissance de cause devrait nous émouvoir davantage.

Ces fonds sont soupçonnés avoir « assoupli » non seulement des dirigeants syndicaux, mais aussi des hommes politiques. Ce n'est pas rien. Cet argent noir a-t-il laissé les élus jouer leur rôle au Parlement ? Quelles lois ont été achetées ? Et au sein des instances gouvernementales, quels sont les décisions et les décideurs concernés ? La plupart de ces questions n'ont pas été posées par la presse, ou du bout des lèvres, en espérant benoîtement que la justice prenne le relais « en toute sérénité ». Comme si l'on préférait prolonger l'état de rêverie et d'innocence qui nous préserve d'une réalité trop rude. L'affaire de l'UIMM n'a pas encore suscité toutes les questions qu'elle mérite et qui touchent pourtant au cœur de notre quotidien.

Le scandale réveille néanmoins des témoins endormis, à un niveau inférieur de la hiérarchie patronale et syndicale. D'anciens syndicalistes de Thales (ex-Thomson-CSF), par exemple, nous expliquent que l'UIMM a toujours entretenu de bons rapports avec leur employeur, mais aussi avec leur syndicat. Redoutant que l'on assimile leur témoignage à une attaque contre le syndicalisme, ils hésitent d'abord à nous en dire plus… Nous leur expliquons que, loin de viser à dénigrer les nombreux militants qui se mobilisent pour défendre les droits des salariés, notre démarche consiste au contraire à lutter contre ceux qui les dévoient ou se laissent instrumentaliser, pour ne pas dire corrompre. « Nous ne sommes pas des balances ! » nous lance l'un d'entre eux. Réaction intéressante où le désir de « pouvoir se regarder dans la glace le matin » se mêle à la confusion régnante.

Un autre précise : « Jusqu'à mon départ à la retraite à la fin des années 1990, l'UIMM versait des subventions aux syndicats. » L'information est de taille. Qu'un syndicat censé représenter les salariés soit soutenu par une organisation patronale, en l'occurrence par l'UIMM elle-même, élargit singulièrement l'horizon.

Nous avons aussitôt joint l'UIMM pour les interroger sur ces curieuses « organisations interentreprises » jouant un rôle syndical. Comment allaient-ils réagir à cette révélation surprenante ? À l'UIMM, toutes les questions abordant les problèmes de financement des syndicats tombent sont le couperet d'une réponse sans appel : « Étant donné les procédures en cours, nous nous interdisons d'intervenir sur les sujets qui peuvent interférer avec les suites judiciaires, nous sommes désolés. »

Quelques mois plus tard, Joseph Crespo, président de la fédération CFTC de la métallurgie, reconnaissait, au cours d'un entretien réalisé avec nous, l'existence de ces subventions : « Ces subventions sont faites à tous les syndicats et sont parfaitement légales, même si elles posent en effet un problème d'indépendance[1]. »

1. Entretien avec les auteurs, mars 2008.

Qui veut une voiture et un portable gratuits ?

Heureusement, l'explosion du scandale des caisses noires du patronat ne provoque pas que des replis, elle a aussi des vertus. L'abcès qui reste à vider rend bavards des gens impliqués qui n'ont jamais eu l'occasion de s'épancher au sujet des pratiques de corruption, mais qui en sont acteurs ou témoins en tant qu'employeurs. Un P-DG, juge dans un Conseil des prud'hommes, accepte de se confier à nous dans le cadre d'un échange personnel, comme s'il voulait en profiter pour se délivrer d'un poids : « Je connais beaucoup d'employeurs qui achètent leurs délégués syndicaux pour s'assurer la paix sociale, je ne suis donc pas surpris du tout par l'affaire de l'UIMM. » Il hésite un peu, puis nous souffle : « Non seulement je connais des employeurs qui le font aussi, mais je reçois moi-même, lors de chaque élection professionnelle de délégués du personnel, les salariés élus pour leur proposer des petits cadeaux, un véhicule de fonction et un téléphone portable : en contrepartie, ce que je demande, c'est qu'ils me préviennent afin de régler en amont et en petit comité tout litige qui pourrait déraper [1]. » Il nous dit cela tranquillement, comme si la pratique était naturelle. L'idée que l'argent ou les avantages en nature qu'il offre aux délégués sont des moyens immoraux et déloyaux ne lui est pas étrangère, mais elle ne suffit pas à l'arrêter, ni même à lui faire trouver cela

1. Entretien avec les auteurs, novembre 2007.

vraiment condamnable au plan éthique. Pour lui, c'est le résultat qui compte et la transgression n'est pas si grave. Il nous explique qu'aliéner peu ou prou l'indépendance de syndicalistes est « nécessaire à la bonne marche des entreprises qui, sinon, devraient faire face à des luttes gênantes ».

Voitures et abonnements téléphoniques gratuits peuvent sembler des cadeaux un peu dérisoires en comparaison des trésors en liquide de l'UIMM. Mais on ne joue plus dans la même cour que celle des DGS et autres Gattaz qui s'adressent à des interlocuteurs syndicaux de haut rang. Pour autant, ce chef d'entreprise qui amadoue directement les syndicalistes intervenant dans son entreprise nous explique que ces petits cadeaux suffisent à calmer efficacement leurs ardeurs syndicales.

Le prix des hommes est-il si bas ? « Oui, mais si l'on additionne le tout, ça fait pas mal d'argent à la charge de l'entreprise. Et il faut aussi entretenir de bonnes relations avec les syndicalistes qui sont au-dessus, dans les fédérations, sinon ils peuvent aiguillonner les délégués. » Il nous explique que des permanents viennent parfois chercher une cagnotte auprès des employeurs de leur secteur, à l'insu des syndicalistes qui y travaillent. En échange, les professionnels du syndicalisme calment les syndicalistes de l'entreprise. « J'ai une section syndicale dans mon entreprise. Un jour, le délégué m'a fait connaître un des responsables de sa fédération. Ce dernier est revenu me revoir seul, un peu plus tard, à l'heure du déjeuner, pendant que les salariés étaient partis manger. Il m'a proposé de devenir l'un de ses partenaires, il a prétexté l'organisation d'une fête afin que je puisse procéder à un financement, ce que j'ai fait en lui faisant un chèque à l'ordre de son syndicat. Il m'a demandé de ne pas en faire état auprès du délégué du syndicat de mon entreprise qui nous avait présentés. Je sais que le même homme fait des démarches similaires auprès d'autres entreprises. » André B., un entrepreneur du bâtiment qui vient de procéder au licenciement de deux ouvriers trop revendicatifs, complète cet éclairage : « Un permanent syndical capable d'en imposer pour calmer les troupes est très utile dans toutes sortes de situations, ça permet d'avoir les coudées un peu plus franches, notamment quand on veut resserrer les boulons de la boîte. » L'inconvénient, dit un autre chef d'entreprise, « c'est que certaines exigences peuvent devenir un véritable racket qu'on ne peut interrompre sans prendre le risque de représailles sous la forme d'actions sociales embarrassantes. Ça peut même tourner au harcèlement jusqu'à ce qu'on trouve un terrain d'entente financier. Mais on s'y retrouve plutôt bien, il faut l'avouer ».

Le P-DG d'une grosse société de promotion immobilière qui s'adonne au même exercice tout en le déplorant (ce qui semble assez confortable au plan moral), nous explique que « ça revient moins cher que le racket des élus locaux quand il faut obtenir un marché public », et que « tout est relatif au pouvoir d'achat et aux habitudes des gars : une voiture de fonction, c'est un gain énorme pour un employé qui n'arrive pas à boucler ses fins de mois. Une petite augmentation ou un abonnement téléphonique, pour lui, c'est Byzance ! » Il reconnaît lui aussi que ce genre d'arrangement lui permet d'économiser le coût de conflits et de revendications qui lui reviendraient plus cher.

Du côté syndical, des témoins nous confirment le phénomène. Daniel Guerrier, délégué syndical cégétiste jusqu'en 2000, témoigne à visage découvert : « Dans les grandes entreprises du bâtiment et de l'eau où j'ai été élu, j'ai souvent vu des délégués du personnel prendre leurs ordres régulièrement auprès de la direction pendant des repas régulièrement offerts par les cadres dirigeants, bien arrosés et souvent répétés, au cours desquels on se tutoie et on baisse un peu la voix en abordant certains sujets comme le renouvellement du portable ou de la voiture, en passant par les primes spéciales et les horaires très allégés, l'embauche de parents ou d'amis (...). Au début, je m'étonnais de ne pas les voir retourner au travail l'après-midi, j'ai vite compris que ça faisait aussi partie des petits privilèges des syndicalistes qui acceptent le régime maigre pour les salariés. »

Corrompre sans acheter

Revenons sur les petits cadeaux qui entretiennent les bons rapports. Comment comprendre que des militants syndicaux *a priori* désintéressés, peu avares de leur temps quand il s'agit de lutter pour défendre les salariés, puissent vendre finalement une partie de leur âme, surtout à si vil prix ? Certes, tout est relatif en ce domaine et certains hommes ne résistent pas à l'appât du gain, si faible soit-il. Mais il y a plus élémentaire encore.

Un expert, travaillant régulièrement pour la CGT au sein de groupes montés par le ministère du Travail et réunissant les représentants des confédérations face aux experts du Medef et de la CGPME, brosse un tableau instructif : « Vous savez, quand un salarié obtient un mandat syndical, ça ne lui est jamais indifférent sur le plan moral. Il en tire toujours une fierté et, selon son passé et ses valeurs, il va résister ou non aux tentations qu'on lui présentera. Dans bien des cas, ils ont l'impression d'être arrivés, dès qu'ils sont reçus dans des réunions et des repas où l'on prend des décisions et qu'on leur donne du Monsieur par-ci et du Monsieur par-là. Pour beaucoup, si les politesses sont accompagnées de quelques avantages, cela suffit déjà à les transfigurer et à leur faire accepter de jouer un double jeu. Pour des salariés modestes, par exemple, trouver sa place dans des groupes où ils côtoient des cadres supérieurs et des hauts fonctionnaires, ça leur donne le sentiment d'être enfin reconnus, adoubés par l'élite. On peut les comprendre : après avoir manqué de reconnaissance pendant longtemps et avoir été tenus au bas de l'échelle sociale, voilà qu'on les considère, on en prend soin, on les reçoit dans des salons feutrés. Ils veulent montrer qu'ils en sont dignes, ils font du zèle pour se faire apprécier et finissent prêter à n'importe quoi... C'est un petit jeu qui date pas d'hier : avec des miettes de pouvoir et de considération, on peut acheter une grande partie des hommes. Si, en plus, on leur permet d'améliorer légèrement leur train de vie en arrondissant leurs fins de mois avec quelques indemnités supplémentaires et qu'on prend en charge leurs frais en débordant un peu, comme c'est généralement le cas, on finit de les pourrir. »

L'homme qui témoigne ici n'est pas réputé pour avoir la langue dans sa poche et il est l'un des rares à donner encore des sueurs froides aux lobbyistes patronaux au cours des négociations sur les conditions de travail, en particulier dans les entreprises où les ouvriers sont soumis à rude épreuve sur le plan physique. Cependant, il tient lui aussi à rester discret : « Si je figure dans un livre sur le financement des syndicats, on considérera que je verse dans l'antisyndicalisme et on m'écartera, il n'est pas question que je prenne ce risque. » Sa crainte est compréhensible, son rôle est précieux. Il conclut en insistant sur la vulnérabilité de certains syndicalistes, qui n'en restent pas moins des hommes : « Avec certains, il suffit de leur faire croire que leur avis est apprécié pour les enfariner. La flatterie est une pommade qui produit des résultats étonnants : beaucoup n'ont même pas besoin d'être corrompus matériellement pour le devenir moralement. Les représentants patronaux savent très bien en user. Flatter, c'est le B A-BA de la manipulation. Et cela est vrai, même au sommet de la hiérarchie. »

La leçon peut paraître triviale, mais elle est digne d'être retenue à bien des égards. Elle ressemble à la sentence morale de la plus célèbre fable de La Fontaine : « tout flatteur vit aux dépens de celui qui l'écoute ». Shakespeare est même plus sévère : « Qui aime qu'on le flatte est digne du flatteur [1]. » On a beau répéter les mises en garde, mais la flatterie reste le miel des relations entre la plupart des hommes. La formation professionnelle des syndicalistes devrait dresser la liste des vieux dictons mettant en garde et les faire apprendre aux stagiaires : « Celui qui flatte son prochain tend un filet sous ses pieds », « Flattez l'homme, vous le possédez déjà à moitié », « Redoute celui qui t'élève au-dessus de ton mérite », « Qui me loue en face me méprise », etc.

Résumons-nous : l'encens, les petits cadeaux et les promotions gâtent facilement les cervelles. À tout le moins, ils facilitent l'« esprit de dialogue ». Mais quelle est l'ampleur du problème des pratiques de financement des syndicats et quelle est celle des compromissions qu'elles engendrent ? Approfondissons notre enquête sur le terrain et interrogeons d'autres personnalités.

Ceux qui se laissent acheter ne parlent pas. Presque tous nient en bloc. Rien que de très logique. Pourtant, sous réserve d'être questionnés anonymement, certains veulent bien en dire quelque chose, se disculpant par ces mots : « Cela s'est toujours fait » ; « il n'y a pas de raison

1. *Timon d'Athènes*, acte I.

qu'on n'en profite pas aussi »[1]. Ces deux arguments ne semblent pas s'accompagner d'un sentiment de culpabilité particulier : « Je n'y changerai rien. De toute façon, il y a longtemps que le syndicalisme est devenu une fonction comme les autres, et les syndicalistes sont des sortes de fonctionnaires avec leurs propres privilèges », nous dit un permanent cédétiste qui reconnaît qu'il a tendance à se contenter de compromis sociaux peu intéressants, comme si les avantages personnels qu'il en tirait n'étaient pour rien dans son attitude passive. D'autres, de la CGT et de FO, tiennent un langage similaire. Après le patronat qui corrompt inconsciemment les partenaires sociaux, voici donc des syndicalistes de base qui se laissent corrompre inconsciemment ! Nos hommes oublient que les privilèges d'une corporation ne sont généralement pas une monnaie d'échange pour qu'ils trahissent leur fonction ou la bâclent.

La pensée que leur sens critique et leur démarche syndicale puissent s'en trouver émoussés ne les gêne que lorsqu'on met le doigt dessus. En temps ordinaire, ils trouvent cela « normal », confondant leur « souplesse » vis-à-vis de l'employeur, devenue une banale complaisance, avec l'exercice normal du syndicalisme. Autre expression que beaucoup répètent : « Je ne vais pas cracher dans la soupe. » Un sociologue du syndicalisme s'y met à son tour qui nous dit : « Je sais très bien que

1. Aveux à la cour, en audience publique, de syndicalistes CGT au procès CGT/Lenglet-Touly, novembre 2004.

l'argent a toujours été l'un des instruments des patrons pour calmer des syndicats, mais je suis moi-même embarrassé quand il faudrait que j'aborde ce problème et celui des financements occultes qui nuisent à la combativité des organisations ; je ne voudrais pas cracher dans la soupe, je fais partie de ceux qui vivent sur leur trésorerie et je me ferais immédiatement virer si je parlais ouvertement. Et quelle honte ! D'ailleurs mon boulot est très utile. » Un historien du syndicalisme tient un discours très proche : « Je pense que mon travail sur la mémoire ouvrière est précieux, même si je ne peux pas tout dire. Il y a des choses que je ne dis qu'à mes amis ou des confrères. Maintenant, il m'apparaît clairement, en les étudiant un peu sérieusement, que l'attitude des syndicats varie souvent en fonction de la générosité de l'entreprise. Par exemple, le manque de réactivité des syndicats dans les entreprises où les CE sont les plus grassement financés est un indice de dépendance évident, surtout quand ils restent passifs, même devant les réformes qui affectent directement la condition des salariés de leur entreprise »[1].

Il est moins difficile de trouver des témoins à visage découvert chez les militants qui, eux, ont résisté aux tentations. Logique. Mais là encore, leur rareté nous étonne. Sylvain Delaître est l'un de ceux-là. Délégué syndical central CGT du groupe Thales (donc habilité à signer des accords avec la direction engageant l'en-

---

1. Entretiens avec les auteurs, janvier 2008.

semble des salariés), il porte un regard saisissant sur le fonctionnement du syndicalisme dans cette société : « Il s'agit d'un exemple typique des grands groupes. Cette entreprise a toujours été un champ d'expérimentation sociale à partir duquel on décide d'étendre ou non les "innovations sociales" concoctées par la direction aux autres entreprises[1]. » Le responsable cégétiste évoque d'abord les stratégies de rapprochement entre la direction générale du groupe et certains délégués syndicaux centraux dont elle fait des interlocuteurs privilégiés, en commençant par ceux du syndicat majoritaire. « Cela commence, par exemple, en plaçant les inters[2] tout près du siège du groupe. Cette proximité géographique favorise une fusion culturelle et humaine. À la CGT, nous avons tenu à conserver un établissement décentralisé, loin du siège, ce qui n'a pas été sans causer quelques dysfonctionnements logistiques, mais c'était le prix à payer pour une plus grande indépendance de nos militants. Par ailleurs, la relation avec le syndicat majoritaire, plus soignée, a bien sûr tendance à déboucher sur des relations privilégiées, lesquelles constituent un terrain plus favorable aux accords entre les deux parties[3] (...). Cela permet aussi à la direction de désamorcer les

1. Entretien avec les auteurs, décembre 2007.

2. Dans le vocabulaire Thomson, « inter » veut dire « structure syndicale centrale, interlocutrice de la direction des ressources humaines du groupe ».

3. À l'heure où Sylvain Delaître nous livre ses observations, la CFDT est encore le syndicat majoritaire chez Thales.

crises et d'éviter de faire appel aux CRS dans le cas d'une grève dure, par exemple, ce que les dirigeants préfèrent toujours éviter en termes d'image. »

Sur le versant des pratiques dissuasives exercées contre les syndicalistes les plus revendicatifs, il évoque la punition consistant à « différer ou annuler la promotion des responsables locaux jugés trop peu conciliants ou trop contestataires. Au fil des ans, cela permet de "faire des exemples" dissuasifs, de construire des cas "martyrs" qui ne donnent pas envie aux salariés de suivre le même chemin syndical[1] ».

En 2001, au sein du même groupe industriel (alors Thomson-CSF), Jean-Claude Duret, ingénieur et délégué central de la CFTC, vivait une expérience édifiante. Avant de se confier plus complètement à nous au début de l'année 2008, il livra une première partie de ses mésaventures au journaliste Renaud Lecadre pour le quotidien *Libération*[2]. Il déclarait avoir été l'objet d'une pression exceptionnelle dans les coulisses d'une négociation menée en 1998. « Alors que je refusais de signer un accord rognant le droit des cadres à partir à la retraite plus tardivement que les autres, le négociateur de l'UIMM m'a rattrapé pendant que je quittais la réunion pour tenter de m'amadouer. » Jean-Claude Duret nous livre plus de détails : « C'était incroyable. La hiérarchie de mon syndicat me demandait de signer un accord très

1. Entretien avec les auteurs, novembre 2007.
2. Édition du 31 octobre 2007.

important sans la moindre réflexion préalable, sans dossier, sans rien, juste au pied levé ! On me disait que de toute façon tout était déjà dans la boîte, que je sois d'accord ou pas ! Je me suis donc insurgé, j'ai quitté la réunion en disant que je ne serais pas de cette compromission. » Le soir, les délégués syndicaux se sont retrouvés au restaurant. « Quand j'ai voulu payer mon addition, on m'a retenu en me disant : "T'inquiète, c'est le patronat qui s'en charge." Par ailleurs, quand un autre syndicaliste s'est ému sur ce dossier, on lui a fait miroiter une retraite adaptée à son goût. » Finalement, son refus persistant sera contourné par le syndicat : « La réaction n'a pas tardé, on m'a écarté des réunions suivantes. Puis la nouvelle convention collective des cadres a finalement été signée sans moi. » Nous avons interrogé le syndicaliste de la CFTC qui a remplacé l'incorruptible Duret, Raymond Mizrahi : « J'ai réagi en demandant aussitôt des comptes auprès de mon syndicat sur cet accord, mais on ne m'a pas donné d'explication. »

Mais, deux ans plus tard, en 2000, la convention devait être ratifiée par chaque entreprise pour l'appliquer. « Chez Thomson, où j'étais toujours délégué CFTC, j'ai fait circuler une pétition exigeant la suppression de cet accord », raconte R. Mizrahi. Résultat, la direction de Thomson suspendra ses subventions à la CFTC en août de la même année. Aux élections professionnelles qui suivront, la direction de Thomson recevra la liste des nouveaux candidats de la fédération CFTC de laquelle on aura pris soin d'écarter Jean-Claude

Duret. Le cégétiste Sylvain Delaître lui apportera son soutien : « Quand Jean-Claude Duret a été écarté, j'ai été le seul délégué syndical central à protester, nous explique-t-il aujourd'hui. J'étais le seul alors que c'était vraiment une question de principe : il fallait défendre sa fonction syndicale, mais cela n'a pas ému les autres délégués centraux. »

Au lendemain de la première déclaration publique du syndicaliste J.-C. Duret, la CFTC réagit par la voix de son vice-président : « Jamais l'UIMM ne nous a approchés pour obtenir une signature contre un dessous-de-table. C'est inimaginable ! » Il affirme que l'éviction du syndicaliste des négociations ne résultait pas d'une demande de l'UIMM, mais d'un problème interne au syndicat. Lequel ? On jugeait Jean-Claude Duret « incontrôlable ».

J.-C. Duret évoque des faits très détaillés : « Le 6 juillet 2000, le secrétaire général de la fédération CFTC métallurgie m'informait, en présence d'un témoin, que la direction du groupe Thomson faisait des pressions (à savoir des menaces de rétorsions financières) à l'encontre de la fédération CFTC de la métallurgie, pour qu'elle retire mes mandats syndicaux. »

Jacques Voisin, président en titre de la CFTC, affirme de son côté que les faits évoqués ne sont « pas dans les pratiques de la maison ». Les dirigeants du syndicat connaissent Jean-Claude Duret pour sa perspicacité et sa pugnacité à l'origine de plusieurs procédures qui ont sérieusement embarrassé Thomson et certains représentants de la CFTC. Ils se souviennent du rôle joué par le syndicaliste lors de l'instruction pénale diligentée par la juge Maligner-Peyron, ainsi que des perquisitions dans les locaux de Thomson auxquelles elle fit procéder en 2000, suite à une plainte pour « délit d'entrave au fonctionnement du comité d'entreprise ». En effet, selon le plaignant, la direction aurait empêché la tenue de débats, au sein du CE, sur la mise en cause par la justice et la presse d'anciens dirigeants de Thomson suspectés d'avoir détourné des fonds et d'avoir été mêlés à l'affaire des frégates de Taiwan. Jean-Claude Duret demandait que le CE de Thomson se porte partie civile dans cette affaire. Aussitôt, les prévenus, dirigeants de Thomson, « avaient menacé la fédération CFTC de la métallurgie de supprimer sa subvention si elle ne mettait pas fin à cette procédure pénale et si M. Duret n'était pas évincé de tous mandats représentatifs ». Il n'avait pas fallu une journée pour que le syndicaliste, sans même être consulté, soit sacrifié. Le nouveau président de la fédération CFTC de la métallurgie d'alors écrivait au directeur des ressources humaines du groupe pour lui notifier le remplacement définitif du délégué syndical central CFTC. Les militants CFTC qui appréciaient Jean-Claude Duret à ce poste ont gardé un souvenir amer de ce remplacement soudain, et le sentiment que les dirigeants de l'entreprise ont décidément bien du pouvoir...

À la CFTC, on connaît aussi ce syndicaliste pour avoir acté son éviction du mandat syndical qui lui permettait de siéger au sein d'un organisme collecteur du 1 % logement, dans les Hauts-de-Seine. Organisme contre lequel le même Duret avait porté plainte pour détournements de fonds… en 1999. La hiérarchie syndicale de Jean-Claude Duret ne l'avait pas soutenu. Non plus que la hiérarchie de Pierre Morlier, syndicaliste CGT, administrateur du CIL (organisme collecteur du 1 % patronal), qui s'était associé à la plainte de Duret. Comment expliquer ce manque de soutien de la part de la CFTC et de la CGT ? Car, *a priori*, cette procédure n'était pas de nature en mettre en péril des militants des confédérations de salariés. Des personnalités importantes du Medef se trouvaient mises en cause dans cette procédure. Alors ? La CGT avait rédigé une attestation où l'on pouvait lire : « La plainte personnelle déposée par M. Morlier n'engage pas la Confédération générale du travail dans toutes ses structures. » La plainte manquait-elle de fondement ? Elle méritait, bien au contraire, d'être déposée et instruite. Le 31 janvier 2008, en effet, le juge Richard Pallain mettait en examen Thierry Gaubert[1], président du CIL (représentant du Medef), et Philippe Smadja, directeur général du CIL (ancien administrateur CGC du même organisme), pour « prise illégale d'intérêt », « détournement de fonds publics », « profession illégale de banquier »… Une affaire explosive, impliquant des personnalités politiques

1. Ancien directeur adjoint du cabinet de Nicolas Sarkozy, alors secrétaire aux Finances (1990-1995).

de premier rang, dont certaines sont proches du gouvernement actuel.

Avant de quitter Thalès, nous découvrons que Jean-Claude Duret n'était pas un cas unique au sein du groupe. D'autres syndicalistes furent en butte à des discriminations dissuasives. L'ingénieur Raymond Mizrahi par exemple, entré dans l'entreprise avec son diplôme de Supelec, pensait qu'il aurait une évolution de carrière semblable à celle de tous ses collègues. Erreur. Les choses se gâtèrent dès qu'il exerça un mandat syndical. « Le personnel m'a élu à la CFTC et comme je n'étais pas du genre à rester silencieux mais plutôt à défendre les cadres que je représentais, on m'a compliqué la vie. Mon évolution de carrière s'est heurtée à un blocus complet. Ce “plafond de verre” a duré pendant plus de 25 ans. » L'homme n'abandonna pas ses mandats pour autant, mais son exemple n'incitait guère les autres syndicalistes à redresser la tête. Un jour, il décida de réagir et, faute d'obtenir une décision raisonnable de son employeur, il saisit le tribunal des prud'hommes pour discrimination syndicale : « J'ai gagné en première instance, mais la direction a fait appel. J'ai gagné en appel, mais la direction est allée en cassation. J'ai gagné aussi en cassation. On m'a donc reclassé en 3B, c'est-à-dire au niveau de chef de service avec un rappel sur toutes les années perdues. » Victoire sur toute la ligne, en somme, mais les recours de l'employeur l'avaient tout de même obligé à batailler pendant six ans. Qu'on le veuille ou non, il y a de l'héroïsme dans un semblable parcours, et ce succès final doit encourager les autres. Mais si assumer une fonction syndicale avec honnêteté doit obliger à faire preuve de la même solidité, on peut aisément imaginer que cela devienne parfaitement dissuasif pour le plus grand nombre.

Cette enquête révèle une chose frappante : les pratiques corruptrices et/ou dissuasives ne sont pas seulement dénoncées par ces quelques syndicalistes, mais par de nombreux autres issus de différentes organisations. Il n'est plus possible de s'en tenir à l'idée, évoquée par les dirigeants, d'une guerre entre les syndicats : la diversité syndicale des témoins évoquant des faits similaires est une réalité accablante pour la direction et pour les fédérations.

Les syndicalistes les plus divers nous confirment que Thomson a toujours constitué l'un des « champs d'expérimentation sociale » pour les groupes industriels qui veulent tester des mesures salariales et sociales et faire évoluer leurs relations avec les syndicats. Une entreprise pilote, en somme, qui donne lieu à cette remarque acerbe d'un syndicaliste FO : « C'est très simple, les employeurs considèrent que ce qui marche dans ce groupe doit pouvoir marcher dans les autres groupes. Nous sommes un peu des cobayes sur lesquels les projets sont essayés puis, selon nos réactions, validés, lubrifiés, perfectionnés ou abandonnés. Les dirigeants estiment que nous offrons des conditions idéales d'étude et de reproductibilité. Notre entreprise est la mouche drosophile du patronat depuis des lustres. »

Reste une question : comment l'entreprise négocie-t-elle avec les syndicats ces « innovations expérimentales » qui sont de nature à faire grincer les dents des salariés, et donc de leurs délégués ?

Victor Duplouy dit en avoir vu des « vertes et des pas mûres ». Militant à la CFTC de 1955 à 1964, puis à la CFDT de Thomson (à Lesquin dans le Nord), délégué du personnel, secrétaire du CE et secrétaire du CCE de Thomson durant les années 1970, puis responsable syndical jusqu'en 2001, il regarde en arrière avec consternation. Son parcours lui a permis d'observer de nombreux procédés discutables, et d'en faire lui-même l'objet. Il évoque ainsi l'un des épisodes les plus édifiants à ses yeux : « À la fin des années 1970, nous étions réfractaires à certaines mesures envisagées par la direction. Du coup, elle a trouvé un appui, en passant au-dessus de nous, directement auprès de la confédération (...). Edmond Maire se recentrait alors sur une position proche de celle du patronat. Cette nouvelle orientation de la CFDT permettait de lâcher du lest aux directions d'entreprise et, au niveau de la confédération, on nous a mis en demeure d'obtempérer. Comme nous avons refusé de nous soumettre à cette injonction et que nous étions opposés, avec la plupart de nos syndiqués de l'établissement Thomson de Lesquin, au recentrage de la CFDT, la confédération a permis à l'union régionale CFDT du Nord dirigée par Jean-Marie Toulisse [négociateur CFDT des retraites quelques années plus tard] de soutenir la minorité syndicale CFDT de Thomson favorable à cette collaboration avec la direction. Moi, j'appartenais à la majorité hostile à cette orientation. Mais les contestataires ont été liquidés. Le fait qu'ils étaient majoritaires n'a pas empêché qu'on leur retire tout mandat à l'intérieur de Thomson et qu'on leur interdise de représenter la CFDT dans la collecte des cotisations, etc. Ces événements se sont déroulés à la fin des années 1970. Nous avons créé un nouveau syndicat qui existe toujours et qui n'est affilié à aucune confédération : le Syndicat de lutte des travailleurs. Il est devenu très largement majoritaire jusqu'à aujourd'hui et il a reçu le soutien de la section CFDT d'Usinor Dunkerque[1] ! » Ce qui n'a pas vraiment plu à la confédération, mais cela est une autre histoire.

Victor Duplouy a été l'un des dirigeants du Syndicat de lutte des travailleurs de 1980 à 2001. Il s'étonne de la passivité des organisations traditionnelles face aux attitudes des entreprises. Selon lui, ce syndicat aurait été victime de rudes attaques. « Notre liberté syndicale aurait dû être défendue par les autres organisations, mais... seule la CGT de Thomson à Lesquin nous a défendus. » Le vieux syndicaliste estime qu'« aujourd'hui, lutter contre la faiblesse des syndicats est une priorité », et qu'on doit se battre pour un syndicalisme « démocratique et transparent, dont les financements seraient contrôlés, capable de suivre la voie de

1. Entretien avec les auteurs, décembre 2007.

l'intérêt général sans céder aux sirènes de l'argent et des partis ».

Au passage, notons un fait récurrent : les syndicalistes qui évoquent les tentatives de corruption auxquelles ils ont résisté expliquent assez souvent qu'ils n'ont pas aussitôt dénoncé publiquement les faits. Jean-Claude Duret se livre à nous de façon instructive sur le sujet : « Le fait qu'on ait osé me faire une proposition pareille m'a d'abord fait honte. Me proposer de me corrompre, ça voulait dire qu'on pensait que j'étais susceptible d'accepter. J'y voyais vraiment quelque chose d'humiliant ! Aussi étonnant que cela paraisse, c'est moi qui éprouvais de la honte et pas le corrupteur ! Pendant longtemps, j'ai caché cet événement, je l'ai enfoui au fond de moi, je n'en ai même pas parlé à ma famille, aux amis... Rien que d'y penser, ça me rendait malade. De plus, je me disais que personne n'allait me croire, qu'on penserait que je racontais des histoires. Il m'a fallu pas mal de temps avant de surmonter ça et de le dire en public. D'ailleurs, quand le scandale de l'UIMM a éclaté, les révélations sur les commissions en liquide m'ont fait beaucoup de bien. J'ai pu finir de livrer tout ce que j'avais gardé au fond de moi [1]. »

Notre enquête nous conduit à contacter de plus en plus de témoins. La plupart, d'abord récalcitrants, finissent par se confier, soulagés qu'ils sont de faire remonter la lie des souvenirs visqueux. Alors que, le 11 novembre

---

1. Entretien avec les auteurs, le 1er février 2008.

2007, des journalistes de France 2 donnent la parole à Roger Poletti, ancien syndicaliste de FO-Transport qui a dû faire face à des propositions de corruption [1], nous trouvons de notre côté des témoignages de plus en plus nombreux et sidérants. Les acteurs que nous approchons, les observations que nous accumulons laissent apparaître que la corruption de syndicalistes ne se réduit pas, comme le voudraient les leaders syndicaux, à des « pratiques isolées » ou à des « caricatures », mais qu'elle est un phénomène de grande ampleur ; et cela bien au-delà des secteurs couverts par l'UIMM, notamment dans des entreprises de nettoyage, où elle atteindrait des sommets, mais aussi dans le secteur du chauffage urbain, dans le milieu pharmaceutique... Par où commencer ? À tout seigneur tout honneur, prenons le cas d'une grande entreprise publique qui laisse, *a priori*, espérer que le paysage syndical est plus sain qu'ailleurs...

1. Roger Poletti : « Une fois, une entreprise m'a proposé une belle voiture, en échange de quoi on me demandait de laisser tomber un délégué central dans cette même entreprise. »

Chapitre II

À la SNCF : des comités d'entreprise sur de mauvais rails

Cette question nous presse : les entreprises publiques parviennent-elles à se soustraire aux pratiques malsaines ? Sans espérer y trouver un modèle parfait de vertu syndicale, nous aimerions rencontrer d'emblée un bon exemple à défendre. Un mètre étalon, en quelque sorte. Or, dans le secteur public, une affaire vient immédiatement à l'esprit, celle de la Caisse centrale des affaires sociales (CCAS) d'EDF et de l'usage très contestable de ses fonds, que la Cour des comptes et les médias ont abondamment couverte. Avant de revisiter ce dossier, qui fait peut-être écran, dirigeons nos pas vers une autre entreprise publique qui ne souffre pas de la même réputation. Hors de question de monter en épingle le cas d'EDF pour dresser un réquisitoire général contre les CE du secteur public. Avançons précautionneusement et choisissons la SNCF, sans doute l'une des entreprises publiques les plus prestigieuses de France dans laquelle le syndicalisme compte encore de nombreuses légions de salariés confiants dans leurs élus. Les comités d'entreprise y sont au nombre de 26, la CGT détient 24 d'entre eux.

Au CE du siège : « Touche pas au grisbi »

Accordons d'abord toute notre attention au CE du siège de la SNCF, à Paris. Après les premières amabilités, nous ne tardons pas à découvrir que les dirigeants du CE sont assis sur un coussin de nitroglycérine, une bombe que notre présence rend très instable... On nous chuchote que l'argent affecté au CE par la direction de la SNCF fuit de 200 000 euros chaque année hors du fonds depuis 20 ans. Apprenant que nous préparons ce livre, Philippe Chabin, ancien secrétaire CGT du CE du siège (secteur clientèle), veut nous en dire plus. C'est lui qui a levé le lièvre : en mettant son nez dans les comptes du CE, lors de sa nomination il y a quelques années, il a été intrigué par des fuites énigmatiques. Ses questions se sont brisées sur un mur de silence. Mais il avait déjà deviné la combine et refusait de couvrir ce système destiné à arroser d'obscurs bénéficiaires... Le syndicaliste a cru bon d'interroger la direction de la SNCF par écrit, histoire de la faire bouger et, surtout, de le notifier. « J'ai rédigé aussi des courriers à Bernard Thibault, et à l'un de ses principaux conseillers, Didier Le Reste. » Il se demande aujourd'hui si son insistance n'a pas suscité plus d'énervement que d'intérêt. Il fut remplacé par un nouveau secrétaire désigné par la Fédération, mais à qui l'on refusa de renouveler sa carte de la CGT. Les trente-cinq salariés du CE qui travaillaient sous son autorité, sidérés, lui apportèrent leur soutien massif, appuyés d'ailleurs par leurs délégués du personnel CGT, pour faire front contre la décision de leur employeur commun : la CGT. Parmi eux, deux comptables cégétistes, délégués des salariés du CE, constatant que les fuites d'argent n'étaient toujours pas « réparées », continuèrent à demander plus de transparence. « Le nouveau secrétaire s'est attaqué au problème à sa manière, commente Philippe Chabin, il a entrepris de s'en débarrasser en les licenciant[1]. » Une façon de remettre de l'ordre dans les affaires de la maison. « L'un des deux comptables était une femme qui ne s'attendait pas à faire l'objet de pareilles mesures de rétorsions dans son propre syndicat, elle en est tombée malade. Nous avons saisi l'inspection du travail et nous avons organisé la riposte. La CGT a dû la réintégrer. Mais à son retour, on lui avait transformé son poste de travail en faisant table rase. Elle n'a même plus d'ordinateur. » Quant à Philippe Chabin, il est redevenu simple salarié de la SNCF, même s'il n'a pas dit son dernier mot sur le plan syndical, à l'instar de tous ceux qui ont subi ces curieuses mises en garde, comme nous allons le voir.

---

1. Entretien avec les auteurs, février 2008.

Il ne s'agit pas ici d'une guerre entre différents syndicats se disputant l'influence sur les cadres administratifs à coups de rumeurs. Il ne s'agit pas non plus d'un conflit idéologique entre différentes tendances politiques. Non, cet incroyable conflit a lieu au sein d'un syndicat, à l'intérieur de ses services, entre ceux qui ne voient pas de mal à continuer de gérer dans l'opacité l'argent versé par la direction et ceux qui refusent cette situation, préférant que les fonds soient utilisés dans la plus grande transparence.

Du rififi chez les Lyonnais

Qu'en est-il des autres CE de la SNCF ?

À Lyon, des acteurs directs du CE souhaitent nous parler. Serge Vallot est de ceux-là. L'homme, réputé solide, a un parcours syndical impressionnant : entré à la CGT de la SNCF en 1980, ses capacités de travail et son engagement l'ont rapidement conduit à gagner en popularité et à multiplier ses responsabilités au sein du syndicat. Délégué CGT du personnel, il a été élu conseiller prud'homal, membre de la commission de discipline SNCF, secrétaire du comité d'hygiène, de sécurité et des conditions de travail (CHSCT), membre du bureau du secteur fédéral des cheminots et formateur syndical. « En 1999, j'ai été désigné pour participer à la commission de contrôle financier du secteur fédéral, se souvient-il. À cette occasion, j'ai vérifié les dépenses réalisées sur un compte dont on m'assurait que les fonds provenaient de versements volontaires de la part de nos élus. En fait, j'ai découvert qu'ils provenaient directement du budget de fonctionnement du CE, sans transiter aucunement par le compte d'un quelconque élu [1]. » Puis il releva d'autres anomalies, par exemple l'achat de véhicules ayant déjà énormément roulé, de voyages sympathiques, des notes de bons restaurants... « Après que j'ai fait observer ces anomalies lors de réunions de la commission de contrôle financier, on m'a retiré de la liste de cette commission sans m'avertir au préalable. Sur le coup, ma première réaction a été confiante, cela ne m'a pas plus contrarié que cela (...), c'était une tâche de moins, voilà tout ! Puis je me suis posé des questions. »

Ce n'était qu'un début : « Lors de mes permanences juridiques au secteur fédéral, en tant que conseiller prud'homal, je recevais quelquefois des syndiqués du CE venant se plaindre des difficultés qu'ils rencontraient dans leur travail. Le secrétariat du secteur me demandait de les recevoir mais d'éviter toute vague. À l'époque, j'étais loin de penser que les difficultés de ces salariés relevaient d'une stratégie délibérée visant à les écarter. Devant ma volonté de les défendre normalement, comme n'importe quel salarié, c'est-à-dire de faire appliquer le Code du travail, les choses ont commencé à se

1. Entretien avec les auteurs, février 2008.

corser. On m'a fait sentir que je devais leur faire accepter des conditions de licenciement *a minima.* »

Il lui apparaissait de plus en plus nettement que « la gestion du personnel du CE par les camarades cheminots obéissait à des règles peu loyales ». Une vague de contestations s'est alors levée. Pour y parer, un fusible sauta : « La responsabilité a été mise sur le directeur technique du CE, un militant CGT qui fut licencié peu après. On lui a mis sur le dos une "faute grave", mais il a saisi le conseil des prud'hommes. Finalement, il a gagné 50 000 euros de dommages et intérêts pour licenciement sans cause réelle et sérieuse. »

Serge Vallot continua à vouloir faire appliquer les droits des employés du CE lyonnais. Mais, en 2004, le secteur fédéral l'évinça. Son épouse, également militante cégétiste et employée à temps partiel au CE, se vit refuser l'extension pourtant prévue de ses horaires et son passage en contrat à durée indéterminée (CDI).

En janvier 2005, lors du congrès du syndicat des cheminots de Lyon Perrache, une syndiquée demanda aux membres de la fédération présents de bien vouloir s'expliquer sur l'éviction de Serge Vallot et sur l'absence de permanence juridique qui en résultait. « Ils ont refusé d'expliquer cette mesure, sans même prendre la parole. Les syndicalistes présents m'ont alors demandé de donner ma version des faits, se souvient le cheminot lyonnais. Après avoir expliqué ma position, dénoncé les conditions dans lesquelles la direction et le secteur fédéral géraient le personnel du CE, ainsi que mes convictions à défendre, contre tout employeur, l'intérêt exclusif des syndiqués et des salariés, conformément aux dispositions statutaires de la CGT, l'assemblée s'est levée et m'a longuement applaudi (...). Le congrès s'est terminé par un verre de l'amitié et là, à ma grande surprise, le président CGT des activités sociales, sous la protection étroite d'autres membres du secteur, est venu me dire qu'il n'avait pas du tout apprécié mon intervention, sur un ton qui m'a paru provocateur (...). J'ai tout de suite compris qu'il ne fallait surtout pas "péter les plombs", j'ai soigneusement gardé mon calme tout en lui répétant ce que je pensais de tout ça. »

Dès lors, la pression monta d'un cran. Un élu du CE, également juge prud'homal, le met en garde au cours d'une formation régionale : « Ne t'étonne pas si ton nom n'apparaît pas sur les prochaines listes CGT en 2008. » D'autres élus le préviennent : « Fais gaffe à toi, tu t'attaques à gros » ; « Tu n'as pas peur, ne reste pas tout seul ». Le syndicaliste ne se laisse pas intimider et attaque le CE devant les prud'hommes, afin de défendre les droits de son épouse. Lui donnant raison, les magistrats requalifient le CDD de celle-ci en CDI et ordonnent un rappel de salaire dans le but de la rétablir au même coefficient que ses collègues de bureau effectuant le même travail qu'elle. Ils y ajoutent des dommages et intérêts pour exécution de mauvaise foi du contrat de travail. Revêche, la CGT n'hésite pas à allonger la procédure et se pourvoit en cassation. Les salariés la trouvent bien sévère et commentent le feuilleton... Mais une contre-rumeur affirme que la CGT s'est montrée bonne joueuse et non procédurière... Serge Vallot s'insurge : « Elle jure devant tous qu'elle n'a pas été en cassation alors que j'ai en main le récépissé de la cour m'informant du pourvoi qui a pris effet ! »

Parallèlement, les salariés éprouvent toujours de sérieuses difficultés à faire appliquer le droit du travail et recoupent leurs observations sur les pratiques comptables qu'ils constatent. En 2006, un vent de colère se lève parmi eux : ils se concertent et portent plainte contre les responsables du CE pour « abus de confiance », « faux et usage de faux », « détournement de fonds au profit d'organisations syndicales »... Serge Vallot soutient leur démarche en acceptant volontiers de répondre au représentant du juge d'instruction chargé du dossier, qui s'intéresse à ce qu'il a vécu.

La solidarité rebelle des salariés commence à inquiéter l'employeur qui craint la contagion. Les lieux où elle s'entretient en dehors du travail sont connus : les structures sportives et culturelles du CE. « Comme par hasard, elles ont été fermées, expliquent des employés. Nous avons lancé une pétition pour dénoncer le traitement du personnel du CE par les responsables de la CGT, et la fermeture non concertée des structures sportives et culturelles fréquentées par de nombreux salariés. »

Serge Vallot continue aussi de se défendre. Des responsables cégétistes, qui « comprennent » le combat du syndicaliste mais préfèrent rester en retrait, lui rapportent que le secteur fédéral a décidé de s'opposer fermement au renouvellement de sa candidature aux prud'hommes 2008. Notons au passage que cette décision n'a jamais été débattue avec les syndiqués cheminots...

Pour compléter le paysage, l'Union départementale de la CGT ne se montre guère prête à soutenir sa candidature aux prud'hommes. Pourtant, le travail de Serge Vallot au conseil prud'homal est apprécié de toute la base. Trop, semble-t-il. Il envisage toujours les choses avec détermination : « Je ne conçois pas de me syndiquer sans m'impliquer réellement. Me retirer le mandat aux prud'hommes – à vrai dire le seul mandat qui me permet de défendre efficacement les salariés – reviendrait, pour moi, à me retirer ma carte. Il est hors de question que je me laisse paralyser et que je reste inorganisé. Je rejoindrais alors le syndicat qui m'a jusqu'alors soutenu dans ces difficultés, Sud Rail. Ce syndicat doit être consolidé, je suis prêt à lui offrir les quelques compétences que j'ai acquises. »

Mais le comité d'entreprise de Lyon ne nous a pas encore livré tous ses secrets. En fait, les contentieux sourds se sont accumulés depuis des années et notre attention provoque d'intenses discussions au sein du CE. Un groupe de salariés cégétistes et ex-cégétistes se réunit et décide de nous recevoir pour nous narrer les pratiques ambiantes. Le syndicaliste Willy Pasche nous confirme le tableau brossé par Serge Vallot. C'est lui qui a déposé la plainte au pénal. Parmi les procédés qui canalisent l'argent du CE vers d'autres instances, Willy Pasche nous décrit avec précision celui qui consiste à facturer des produits à un prix qu'il juge très onéreux : « Par exemple, le CE achète de vieux ordinateurs à des prix qui seraient plus adaptés pour des appareils neufs [1]. » Notre enquête redonne de l'espoir aux salariés que nous interrogeons et les réconforte alors qu'ils se sentaient isolés au sein de la SNCF. Ils espèrent que ces révélations auront le retentissement qu'elles méritent et que cela permettra de remettre le syndicalisme des cheminots sur une voie moins tortueuse. Mais une autre surprise, d'une ampleur considérable, nous ramène vite à Paris : informés de nos investigations, des dizaines de syndicalistes CGT du comité central d'entreprise (CCE) de la SNCF ont mis sur la table leurs dossiers. Cette fois, la mèche allumée conduit au cœur du dispositif...

Le comité central d'entreprise

Le CCE de la SNCF est tenu majoritairement par la CGT. Il centralise les activités nationales des 26 CE. Son poids est considérable. Pour s'en faire une idée, rappelons qu'il s'agit d'un des plus gros comité d'entreprise en France, après celui d'EDF. Tandis que les CE locaux s'occupent des services de proximité avec les cheminots, le CCE gère d'innombrables marchés avec des sociétés

---

1. Entretien ave les auteurs, février 2008.

qui interviennent régulièrement sur tout le territoire : entreprises de restauration, entreprises du bâtiment qui entretiennent et rénovent les immeubles de son patrimoine dans les grandes villes, entreprises qui assurent le fonctionnement des centres de vacances, qui dispensent la formation professionnelle des salariés, cabinets conseils, entreprises de nettoyage... Autant de sociétés qui tirent de substantiels bénéfices de leurs contrats et souhaitent les maintenir aussi longtemps que possible avec le puissant CCE.

Les employés qui travaillent directement au sein du CCE sont au nombre de 250 salariés à temps plein. Certains se sont organisés pour donner à leur révolte tout son sens, aussi remontés contre leur propre syndicat et employeur que ceux des CE que nous venons de voir. Comme eux, leurs griefs sont alimentés en partie par leurs conditions de travail. Leur syndicat employeur présenterait « le paradoxe de prendre des libertés avec le droit du travail, résume une représentante du personnel. Alors que la direction devrait se soucier des droits sociaux et professionnels de ses employés, le mépris dont ils sont victimes est globalement pire que s'il s'agissait d'un patron privé. D'ailleurs, tous les recours devant les prud'hommes qu'ils remportent contre leur employeur le montrent clairement ». Mais leurs critiques concernent également les opérations de trésorerie : « C'est bien simple, nous résume un groupe de représentants syndicaux, les nombreuses entreprises auxquelles nous faisons appel dans toute la France sont pour la plupart choisies sans appel d'offres et alors qu'elles ne pratiquent pas de prix compétitifs. Ils nous exliquent que ces entreprises sont retenues en fonction de critères qui leur échappent et sont généralement reprises avec une grande fidélité, sans être remises en concurrence[1].

Toutes ces informations sur le CCE de la SNCF sont de taille : de nombreux témoignages nous confirment la réalité des faits devant un avocat, et des documents sont portés à notre connaissance. De mon côté, la direction n'y voit que des suspicions infondées et rappelle que le CCE n'est pas soumis à l'obligation d'appel d'offres. « De plus, pour les gros marchés, nous procédons à des appels d'offres alors que rien ne nous y oblige », explique le directeur Alain Barasz. Ce dernier ne voit pas non plus ce que l'ambiance sociale à de particulier au CCE. Les relations des salariés du CCE avec la CGT se sont à tel point envenimées qu'ils ont créé une structure syndicale cégétiste à part : Tous ensemble. « L'organisation Tous ensemble a aussitôt fédéré une grande partie des salariés en colère du CCE et elle est, d'ores et déjà, majoritaire. Nous avons été contraints de monter ce syndicat, nous explique un délégué, car on nous conteste notre légitimité alors que les salariés nous élisent ! » L'employeur et le vieux syndicat ont contesté la représentativité du nouveau syndicat devant le tribunal. Sans succès.

1. Entretien avec les auteurs, février 2008.

Les salariés du CCE se coordonnent avec les autres salariés des CE que nous avons rencontrés et, tous ensemble (c'est le cas de le dire), prennent contact avec un avocat pour mettre sur pied une action d'envergure nationale. Dans un premier temps, le cabinet d'avocats Bourdon-Voituriez-Burget rédige un courrier très officiel destiné aux dirigeants qui ont la responsabilité d'intervenir : « Nous demandons à la direction nationale de la SNCF, au comité central d'entreprise et aux dirigeants actuels des CE de mettre fin aux abus de toutes sortes qui se sont développés au sein de ces institutions représentatives du personnel[1]. »

Une telle guerre interne aurait pu – aurait dû – apparaître comme une opportunité pour les autres syndicats, qui auraient pu en faire leurs choux gras, notamment par la diffusion de tracts appelant les salariés réfractaires à les rejoindre. Comment expliquer qu'ils n'aient pas exploité une si belle occasion pour ébruiter l'affaire et s'en scandaliser ? Nous nous tournons du côté de la CFTC qui détient un CE cheminot à Strasbourg. Le syndicat s'abrite derrière un « principe de loyauté » qui imposerait de ne pas se mêler des affaires internes de la CGT. On nous jure par ailleurs que ces pratiques n'ont pas cours à la CFTC.

Revenons aux CCE détenus politiquement par la CGT ferroviaire. Nous parvenons à reconstituer l'organigramme du comité central d'entreprise, un poste attire

1. Entretien avec les auteurs, février 2008.

notre attention : celui de contrôleur de gestion. Nous remontons vers lui... Nous ne sommes pas au bout de nos surprises...

Une guillotine bien graissée

Nous découvrons que le contrôle de gestion a été assuré au cours de ces dernières années par deux salariés : Antoine Rousseau et Sophie Charlier. Or, tous deux se sont vus écartés par la direction du CCE : le premier a été licencié pour « faute grave », le 12 juillet 2006, après trois ans et demi d'exercice. La seconde s'est heurtée à un refus de pérennisation de son CDD malgré une période d'essai renouvelée. Nous prenons contact avec Antoine Rousseau, encore sous le coup de ce qui vient de lui tomber sur la tête. Il y a de quoi. « C'est très simple : la direction m'a progressivement poussé vers la sortie alors que je ne voulais pas me résoudre à avaliser des aspects discutables de la gestion, notamment dans le choix des entreprises intervenant sur ses marchés et dans le montant des factures qu'il fallait payer. Puis, un système informatique a été mis en place qui rendrait la gestion encore plus opaque et réellement lisible par une seule personne, laquelle n'était pas moi (...). Pour finir, on s'est débarrassé de moi en trente minutes, en arguant d'un contrat que j'avais passé. Ce contrat découlait des résultats d'un audit interne mené à la demande de ma hiérarchie, suite à la mise en demeure d'un médecin du travail exigeant l'aménagement d'une salle de courrier adaptée à la station debout prolongée ! Mais je ne suis pas le seul à avoir signalé les dysfonctionnements, tous les cadres de la direction qui l'ont fait ont dû quitter le CCE d'une manière ou d'une autre. »

Antoine Rousseau a saisi le conseil des prud'hommes, son affaire est actuellement en cours. Son témoignage constitue, pour le moins, une pierre d'angle. Autrement dit, il n'y a pas que les salariés de base qui se sont émus du fonctionnement de la maison, au sein même de la direction une guillotine fonctionnerait à plein régime pour les récalcitrants. Nous reprenons l'organigramme pour vérifier le phénomène. De fait, nous constatons un gros... *turnover* ! Tous les postes de cadres au siège du CCE ont été décapités, à l'exception du directeur actuel, entre juin 2003 et janvier 2007. On peut même dresser la statistique de leur durée de vie moyenne : trois ans. S'agirait-il de simples « erreurs de recrutement » et d'incompatibilité d'humeur ?

Considérons ces séparations de plus près. Bruno Friedmann, directeur financier du CCE, a été licencié pour « faute simple », après quatre ans d'exercice. La faute invoquée ? La signature d'un accord de marché pour le développement d'un logiciel coûtant 230 000 euros, somme qui dépassait son autorisation officielle. Pressons le pas : Denis Deswartes, directeur des ressources humaines, licencié pour « faute grave » en janvier 2005 ; Thierry Lebacle, directeur des ressources humaines, débarqué après une période d'essai pourtant renouvelée ; Brigitte Voulu, directrice adjointe des ressources humaines, licenciée pour « faute grave » après cinq ans d'exercice ; Catherine Montheiro, chef comptable, licenciée pour faute après cinq ans ; Bernard Bourson, responsable du service vacances familiales, licencié pour « faute grave » après dix ans ; Martine Salon, licenciée après plus de dix ans... La liste complète prendrait une page entière. Résumons : en moins de cinq ans, l'assiette au beurre a éjecté les deux directeurs des ressources humaines et leurs trois adjoints, les deux contrôleurs de gestion, le directeur administratif et financier, les deux chefs comptables, le responsable du service travaux et matériel et son adjoint, le responsable du service vacances familiales, sans compter les agents de maîtrise... Cela fait tout de même beaucoup.

« Tous les licenciements et les sanctions créent une peur, ils engendrent le sentiment qu'il faut baisser la tête pour ne pas tout perdre », dénonce Jérôme Padet, qui a dirigé jusqu'en octobre 2007 un village de vacances géré par le CCE. Cet ex-délégué CGT au CCE de la SNCF, accablé, souhaite qu'on parle de son histoire. « Ce n'est pas du tourisme social qu'on voulait que je fasse, pas plus que de défendre l'intérêt des salariés, non, on attendait juste que j'obéisse. » Son témoignage, parmi bien d'autres, nous confirme l'existence de pratiques discutables s'abattant sur ceux qui ne se montrent pas conciliants. Il a observé des anomalies qui ne lui plaisaient guère...

Ses ennuis ont commencé le jour où il a refusé de signer un accord de forfaitisation des cadres qui devait permettre à la direction du CCE d'éviter de payer les heures supplémentaires des cadres (en supprimant les 35 heures et les pointeuses). « Ma hiérarchie syndicale voulait que je signe cet accord et que je la ferme. J'ai dit non et j'ai démissionné de mes mandats. Ensuite, j'ai connu la descente aux enfers. Je m'étais beaucoup investi dans mon métier et mes missions, ça m'a fait mal d'être traité comme ça et de constater que les autres syndicalistes n'ont pas bougé. » L'employeur CGT l'a licencié pour « faute simple », évoquant un « manque de loyauté ». Jérôme Padet avait osé parler de « mensonge de la direction » dans un tract diffusé aux directeurs des villages de vacances et aux organisations syndicales. Il avait mis en cause les cachotteries du CCE dans une affaire de légionellose impliquant les installations sanitaires du centre qu'il dirigeait. Lui aussi a déposé son dossier entre les mains d'un avocat qui, dans un premier temps, a saisi les prud'hommes, documents à l'appui.

Dernièrement, les salariés du CCE en rébellion ont demandé la mise en place d'un CHSCT (prévu par le Code du travail à partir de 50 salariés). Cette structure leur aurait donné un droit de regard sur la gestion, mais la direction a refusé. Les salariés ont saisi l'Inspection du travail qui a dressé un procès verbal d'entrave.

Tous ces témoignages convergent, se recoupent et confirment les mêmes faits : gestion contestable, plaintes des salariés et des cadres qui dénoncent les traitements dont ils font l'objet, *turnover* rapide… Ces éléments attirent l'attention sur un syndicat qui, normalement, devrait se garder d'imposer à ses employés des méthodes qu'il vilipende chez les patrons indélicats. Des dizaines d'autres témoins des CE de la SNCF nous apportent des déclarations concordantes, que nous ne pouvons toutes évoquer ici, faute de place. Nous interrogeons Alain Barasz, le directeur du CCE depuis 2002, afin de connaître sa version. « Je suis étonné par ce que vous me rapportez, nous dit-il. Je découvre tout cela en vous écoutant. Quand au fait que le personnel de direction tourne à cette rapidité, c'est juste dû à la mobilité sociale des cadres, ils restent souvent 3 ou 4 ans en place… [1] » Il omet de parler des licenciements et du grand nombre de procédures lancées par les salariés.

D'autres questions restent en suspens. On aimerait comprendre, par exemple, pourquoi la confédération de la CGT n'a pas réagi aux multiples alertes que les syndicalistes des CE de la SNCF lui ont lancées à travers des courriers. Par ailleurs, le budget des CE de la SNCF, avec une dotation de près de 90 millions d'euros [2] par an est certes imposant, mais n'est pas le plus important, comme nous allons le voir.

---

1. Entretien avec les auteurs, avril 2008.
2. Soit 1,721 % de la masse salariale de la SNCF

Les CE d'EDF et les autres

Rappelons que les œuvres d'EDF (les CE et la Caisse centrale d'activités sociales), épinglées par la Cour des comptes, révèlent pêle-mêle la gestion exubérante d'un personnel surabondant, des entorses à la loi sur les attributions de marchés, des versements au Parti communiste et à la CGT, des actions sociales et culturelles beaucoup trop onéreuses pour qu'on ne s'interroge pas sur la destination de l'argent...

L'argent des salariés de ces producteurs d'énergie – d'une certaine façon, celui des consommateurs d'électricité et de gaz qui payent leurs factures – a été utilisé pour financer des opérations qui n'avaient pas de lien évident avec l'intérêt de ceux qui y travaillent et la justification du prix de l'énergie. La vocation du CE, qui était d'assurer les vacances et les loisirs des salariés d'EDF et de GDF en prélevant 1 % du chiffre d'affaires, a été gravement dévoyée sans que le syndicat ne songe, pendant des décennies, à corriger les pratiques. On peut s'étonner aussi que cette pensée n'ait pas traversé l'esprit des dirigeants de l'entreprise, ni même celui des responsables politiques alors même que ces pratiques étaient dénoncées par la Cour des comptes. La mansuétude des autres syndicats est elle-même surprenante. Ces derniers profiteraient-ils de leur côté de quelques CE généreux qui ne voudraient pas se voir dénoncer ?

L'achat de la paix sociale, en France, passe-t-il, entre autres circuits, par ce genre de structures ? Difficile de penser le contraire. Et le chef d'État qui voudrait s'y attaquer prendrait des risques, à moins qu'il trouve des compensations pour calmer les syndicats. Certains rappellent d'ailleurs que Nicolas Sarkozy, au moment de la préparation du changement de statut des entreprises nationales, a réaffirmé qu'il n'était pas question de toucher aux pourcentages qui alimentent les CE.

Le budget annuel des CE d'EDF donne le vertige : 480 millions d'euros. L'importance de la tirelire est due à un principe extraordinaire : son contenu provient en effet du prélèvement de 1 % du chiffre d'affaires du groupe EDF. L'astuce tient ici à ce que le pourcentage est celui du chiffre d'affaires, alors que les autres CE engrangent d'ordinaire un pourcentage sur la masse salariale de l'entreprise. C'est autant que l'ensemble des contributions versées aux syndicats par la collectivité nationale (État, collectivités locales et organismes sociaux).

Depuis le milieu des années 1990, notes et rapports s'accumulent pour critiquer sévèrement le fonctionnement des CE d'EDF. La presse s'est largement fait l'écho de ces rappels à l'ordre, mais qui a songé à jeter un œil sur le budget du CE des autres grandes entreprises pour les comparer ? Nous avons décidé de le faire, à travers celui des CE d'une vingtaine de groupes. Même constitués sur la base d'un pourcentage de la masse salariale, certains parviennent à réunir des sommes rondelettes proportionnellement égales, voire supérieures...

Le CE de France Telecom, par exemple, dispose chaque année de 153 millions d'euros, ce qui représente un budget par salarié du même montant que ceux d'EDF, soit un peu plus de 1 300 euros par an. Rapporté à chaque travailleur, ce n'est pas Byzance, mais globalement, cela peut permettre aux gestionnaires de dégager des sommes énormes. Le budget du CE de la BNP est de 57 millions d'euros, ce qui représente 1 500 euros par salarié. Avec 300 millions d'euros, le CE de La Poste s'approche de celui d'EDF mais, rapporté au nombre d'employés, il ne représente que 938 euros par salarié. En revanche, celui de Dassault Aviation dispose de 18 millions d'euros, ce qui fait 2 000 euros par salarié. On le comprend, l'importance de ces budgets est relative au nombre d'employés. Dans la mesure où ces derniers représentent tout de même un poste de dépense chaque année, toute la question est donc de connaître la part dégagée par les gestionnaires pour des destinations opaques. Or, l'opacité est institutionnalisée par la loi de 1884 que personne ou presque ne veut réformer. Des enquêtes sur l'ensemble des grands CE des différents secteurs économiques seraient utiles pour se faire une représentation exacte de l'ampleur des financements passant par ces structures, et en tirer les conséquences.

Pourquoi les directions de la SNCF et d'EDF ne se sont-elles pas montrées plus émues par les alertes qui leur ont été adressées sur les errances de la gestion des CE ? Cette discrétion est néfaste car elle alimente les doutes parmi les salariés. Manifestement, les directions ne voient pas l'utilité d'ouvrir ce type de dossier au débat public. Pourtant, cette attitude, appuyée en partie sur l'opacité légale des comptabilités syndicales, se paie toujours en interrogations et, par suite, en soupçons. D'une manière générale, quels que soient les secteurs économiques, la bonne entente qui règne entre les CE et les directions est notable dans les grandes entreprises. De là à penser que ce respect et cette discrétion mutuels puissent entretenir la capacité des fédérations à signer des accords sans aller très loin dans les luttes, le pas est vite franchi. Rappelons que les organisations syndicales ont actuellement la liberté d'intégrer, à discrétion, ces calculs et cette concorde dans leurs négociations. Reste que les salariés français et les syndicalistes les plus engagés ont aussi le droit de les critiquer et d'y voir une entrave à leurs combats. Et ce point ne relève pas seulement du « linge à laver en famille », mais mérite une véritable réflexion nationale, laquelle remet une nouvelle fois sur la table la légitimité politique de l'opacité légale des comptes.

Plus concrètement : pourquoi le sentiment est-il de plus en plus net qu'à la SNCF et chez EDF le rapport de force mis en œuvre par les grands syndicats lors des grandes négociations se réduit à des rodomontades sans réelle volonté d'organiser la résistance des salariés ? Seuls des syndicats comme Sud, qui ne disposent pas de CE ou d'autres structures permettant des financements opaques, sont encore favorables à de véritables luttes sur le terrain, telles que les longues grèves. La réforme des régimes spéciaux des cheminots en a donné une illustration patente, et même des observateurs politiques de droite ne se retiennent plus d'ironiser sur le caractère strictement théâtral des déclarations des grands leaders syndicaux.

De même, pourquoi les fédérations syndicales chez EDF ne bougent-elles par sur la réforme des régimes spéciaux de retraite qui concerne pourtant au premier chef tous les salariés de cette vaste entreprise ? Pourquoi le projet de privatisation les laisse-t-il aussi passives ? Pourquoi les voit-on si peu réagir de façon générale alors que le taux de syndicalisation leur donne une puissance de feu considérable ? L'historien du mouvement ouvrier qui nous souffle quelques réponses adopte une attitude curieuse : il veut bien nous parler, commenter les évolutions des grands syndicats et exprimer des critiques acerbes, mais à la condition qu'on taise son nom. Encore un. « Je travaille régulièrement pour l'un de ces syndicats, cela me nuirait beaucoup. Le jour où ce syndicat ne me fera plus vivre, je m'afficherai sans problème, quoique je ne veuille pas non plus apparaître comme quelqu'un qui crache dans la soupe alors que je m'en nourris. Et nous faisons aussi plein de choses positives, il ne faut pas réduire l'activité des syndicats aux dérives, certes nombreuses et graves, mais... » Un large sourire illumine son visage. Non, il ne crachera pas dans la soupe en public, mais il fulminera en catimini pendant plusieurs heures contre les abus et les pratiques scandaleuses qui se sont multipliés sous l'étiquette des grandes organisations syndicales, tout particulièrement dans les fiefs publics… Et il rappelle que « l'ensemble des comités d'entreprise mériteraient tous d'être contrôlés de près. C'est la première condition pour que les syndicats retrouvent un peu leur liberté de parole et d'action. Dans la mesure où les caisses d'activités sociales servent à arroser les syndicats, comment attendre de ces derniers la moindre indépendance quand il faut se mobiliser ? »

Il est vrai que le budget annuel des CE d'EDF, avec un demi milliard d'euros, est « géré avec une absence totale de transparence des ressources », comme le notait encore en avril 2007 le président de la Cour des comptes Philippe Séguin, en présentant les conclusions du rapport 2007 de ladite Cour. Cette opacité a-t-elle permis de financer la CGT ? C'est ce que soupçonne un rapport du parquet de Paris en 2004, appuyé sur une enquête de la police judiciaire, laquelle s'est achevée par l'ouverture d'une information judiciaire contre X pour abus de confiance, escroquerie, faux et usage de faux. Le juge Jean-Marie d'Huy s'est retrouvé ainsi chargé d'une des affaires les plus explosives du syndicalisme hexagonal…

Après le scandale de l'usage de la caisse sociale d'EDF et celui des caisses noires de l'UIMM, certains consentent aujourd'hui à déclarer que la certification des comptes par des commissaires aux comptes devrait être imposée, et elle le deviendra sans doute. Mais une telle mesure sera-t-elle suffisante ? Nous y reviendrons au chapitre des solutions.

Chapitre III

Le ménage tarde

Pénétrer dans le monde du nettoyage donne l'impression de découvrir un secteur sinistré qui n'attend rien de plus personne. Et certainement pas des observateurs soucieux de dresser un état des lieux des pratiques syndicales. Nous constatons d'abord que les conditions de travail qui y règnent et la faiblesse des salaires mériteraient une mobilisation sans pareille des syndicats. « Je me lève tous les jours à 4 h 30, pour commencer le travail à 6 heures, nous explique Radija Bouny. Quand Sarkozy a parlé de ceux qui se lèvent tôt, au moment des élections, je me suis reconnue tout de suite, j'ai dit à mon mari : Écoute, il parle de moi ! Il va augmenter ma paye ! Il faut voter pour lui, on va pouvoir s'acheter des tranches de saumon ! On a bien ri. » Elle habite Nanterre. Elle prend le RER jusqu'à la station Opéra, puis elle rejoint à pied les grands magasins et son équipe. « Certains se lèvent encore plus tôt parce qu'ils habitent plus loin... Mais, ajoute-t-elle, se lever n'est pas le plus dur, ce qui est fatigant, c'est le travail et de rentrer tard le soir, on n'a pas le temps de s'occuper des enfants ni de rien... »

En effet, voilà l'une des spécificités du secteur que Nicolas Sarkozy n'a pas évoquée durant sa campagne présidentielle : non seulement certains se lèvent plus tôt que les autres pour que les locaux de ceux qui se lèvent moins tôt soient propres, mais ils doivent aussi attendre que tout le monde ait quitté le travail pour finir de nettoyer l'autre partie des bureaux le soir... La moitié des heures le matin, l'autre moitié après 18 heures. Et entre les deux ? « Entre les deux, on attend ou bien on rentre chez nous, ça dépend de ce qu'il faut faire à la maison (...). Ça dépend du trajet... », soupire Radija. À l'instar de trois femmes de son équipe, elle a pris l'habitude de somnoler partout où elle s'assoit, et ne parvient pas à garder l'œil ouvert dès qu'elle trouve une place assise dans sa rame de RER. Certaines rentrent chez elles, mais il y a des dilemmes : « Si l'on habite dans la banlieue parisienne, ça va encore, mais sinon, c'est impossible. De toute façon, c'est fatigant. C'est fatigant de rester sur place, c'est fatigant de faire le trajet quatre fois par jour. Ou alors il faut avoir des amis, il faut s'arranger, mais on ne peut pas toujours les déranger. »

Voilà qui plante les premiers éléments du décor. Sur les lieux, les conditions de travail sont souvent aberrantes. Rien que les outils de travail de base des équipes de nettoyage – les produits qu'elles utilisent et respirent tous les jours pour l'entretien des bureaux et des toilettes – sont effrayants tant ils sont anormalement agressifs. L'Inspection du travail n'est pas souvent saisie, pour ne pas parler des médecins du travail qui ne se déplacent manifestement pas assez sur le terrain. Où sont les syndicalistes censés encadrer ce problème et veiller à éviter les dérives de ce genre ? Avec 90 % d'immigrés venus d'Afrique du Nord et centrale, la main-d'œuvre des entreprises de nettoyage compte essentiellement des salariés illettrés, voire analphabètes (en français), en majorité des femmes qui, une fois rentrées chez elles, s'occupent des tâches domestiques. Autant de paramètres qui ne favorisent pas vraiment l'émergence d'une culture de revendication ou de syndicalistes, ni même d'ailleurs la simple connaissance de leurs droits.

Pourtant, les entreprises de nettoyage ont leurs propres syndicalistes. « Les syndicalistes que je connais, dans le nettoyage, sont nommés par le patron, et ils ne savent pas écrire. Ils ne savent même pas ce que c'est qu'une prime de précarité... » Radija a prononcé l'expression « prime de précarité » à voix basse, habituée qu'elle est à ne pas laisser le mot franchir ses lèvres sans précaution. « On sait ce qui arrive quand on demande nos droits : le chef d'équipe nous prend à part et nous dit : "Pour toi, l'année va être très dure !" On n'est jamais les vainqueurs, ils sont capables de tout. J'ai connu des employés qui ont vraiment voulu faire du syndicalisme, on les a calmés. Une fois, le patron a donné un peu d'argent à deux employées pour qu'elles déchirent leur blouse et disent que le délégué les avait agressées. » Pas très encourageant, il faut le reconnaître. « Le patron peut même avoir des clients qui veulent bien être complices avec eux pour dire que le délégué ne fait pas son travail ou qu'il vole, etc. Autre chose : on lui fait comprendre qu'on va l'envoyer à Massy-Palaiseau, par exemple, avec des heures pour aller et des heures pour revenir avec le métro, le RER et le bus... Ça peut le faire réfléchir. »

« On est attentif, ce n'est quand même pas le bagne ! » tempère un chef d'équipe de la même entreprise à qui nous posons quelques questions à ce sujet. Il confesse au passage avoir mission de prévenir toute velléité syndicale.

« Les employeurs désignent eux-mêmes les syndicalistes »

Bien sûr, les 398 000 salariés des 15 138 entreprises de nettoyage en France (qui réalisent un chiffre d'affaires annuel de 8,5 milliards d'euros) ne sont pas tous au même régime. Les fusions et l'expansion de certains groupes ont amené de nombreuses entreprises à industrialiser leurs prestations et, même si beaucoup reste à faire, à accepter certains principes syndicaux, mais également à sous-traiter à leur tour la main-d'œuvre...

Les sociétés de nettoyage les plus connues se nomment Challancin Propreté, Comatec, Isor, ISS France, GSF, Onet, Onyx, PEI, Penauille, Samsic, TE... Derrière ce paysage visible, qui n'est pas exempt de problèmes, les entreprises sous-traitantes forment un continent très obscur. Selon les inspecteurs du travail, la sous-traitance en cascade est un fléau dans le domaine du nettoyage. Autrement dit, le système des sociétés créées pour tirer les salaires vers le bas et échapper aux règles imposées aux entreprises de plus de cinquante salariés arrange les employeurs et leurs clients ; mais pas les salariés. On l'a compris, la logique corporatiste des syndicats, qui éloigne ces derniers de toute forme de solidarité, ne profite pas aux travailleurs du secteur et les laisse complètement démunis face à des employeurs qui ne sont pas réputés pour être les plus soucieux d'éthique. La sous-traitance permet aux grosses entreprises d'« externaliser » cette main-d'œuvre et, du même coup, de se déresponsabiliser. Ces travailleurs sont ainsi abandonnés à leur sort, le désert syndical permettant d'imposer des conditions inacceptables ailleurs. On peut regretter que les grands syndicats ne se soient pas mobilisés de façon plus déterminée contre cette logique qui continue de s'étendre bien au-delà du marché du nettoyage.

La syndicalisation dans le secteur du nettoyage est parmi les plus faibles. Farid M., agent d'entretien à Paris, apporte une précision intéressante : « Il y a beaucoup de faux syndicalistes, j'appelle ça des faux parce qu'ils viennent nous voir quand on se plaint trop ou qu'on veut faire grève, en disant qu'ils sont des élus, des délégués, tout ça, mais on ne les a jamais élus. Ce sont des copains des patrons, on s'en méfie. Rien qu'à voir comment ils sont habillés, leurs voitures, comment ils nous parlent en disant toujours qu'il faut reprendre le boulot et qu'ils s'occupent de tout, alors que ça ne progresse jamais, on a bien compris. »

En tout cas, ce ne sont pas ces syndicalistes-là qui les encouragent à se syndiquer. Et il est loin le temps où des maoïstes diplômés de l'université se faisaient embaucher dans les sociétés de nettoyage pour créer des sections syndicales... Ramouna Djelalli travaille depuis vingt ans dans le nettoyage, elle a fréquenté cinq entreprises différentes. Le syndicalisme de terrain, dans le secteur, elle le connaît bien. « La technique des employeurs, c'est souvent de désigner eux-mêmes nos syndicalistes, ils les choisissent parmi les analphabètes. Et ce ne sont même pas des gens qui veulent tenir ce rôle. Comme, en plus, ils ne connaissent rien au syndicalisme et aux droits des salariés, ça n'aide pas ! Comment voulez-vous discuter avec un patron et exiger qu'il respecte certaines règles quand vous ne savez même pas le minimum ? Ça, ce serait la première chose à changer. »

Quand, parfois, des représentants du personnel ont la culture et la volonté de défendre les salariés, on assiste à de curieux phénomènes. « On les voit souvent voyager très vite d'un syndicat à l'autre, ils passent de la CFDT à la CGT, à FO, etc. Il faut dire que celui qui veut vraiment faire bouger les choses est déçu, on le calme systématiquement, alors il cherche un autre syndicat qui veut vraiment nous défendre, et il ne le trouve pas. Ou il finit par aller voir Sud. Ça, c'est un syndicat qui se fait respecter. Les patrons ne l'aiment pas du tout. »

Autre technique, décrite par Ali M. qui a un vrai parcours de syndicaliste : « Le système est fait de telle manière que les représentants du personnel qui gênent, on les change de secteur grâce au jeu des années d'expérience et de l'avancement dans l'échelle des grades. Par exemple, si j'étais à tel endroit, on me place dans un autre quand je passe au grade supérieur, et là j'arrive dans des équipes où la place des syndicalistes est déjà prise (...). Et, le pire, c'est que les places sont prises souvent par des types qui n'ont pas du tout la fibre syndicale, ils ont pris un mandat juste pour avoir quelques avantages, pour arrondir leurs fins de mois avec quelques heures de plus dans leur salaire, par exemple ! » Il fulmine : « Comme par hasard, ces gars-là prennent généralement leurs heures de délégation l'après-midi (...). Et on ne les revoit pas jusqu'au lendemain. Il y en a beaucoup, c'est devenu un vrai système. Il faudrait aussi parler des élections. On ne cherche pas à sensibiliser les votants, surtout pas. J'ai une anecdote à ce sujet qui va vous faire rire mais qui est à pleurer : pour voter, des enveloppes timbrées sont distribuées aux syndiqués pour qu'ils renvoient leur bulletin par la poste, il y en a plein qui préfèrent ne pas voter juste pour garder le timbre et l'utiliser autrement pour économiser les 50 centimes d'euros. Voilà le degré d'incompréhension qui, en fait, fait le jeu des patrons et de ceux qui s'entendent avec eux. Certains salariés sont incapables de lire les bulletins et laissent les délégués choisir à leur place. Il faut dire aussi que pour les représentants syndicaux qui veulent remplir leur fonction, c'est difficile, car ils doivent aller sur des chantiers de nettoyage très éloignés les uns des autres. »

« Des délégués passent de 1 300 euros par mois à 2 000 euros d'un coup »

Ali M. s'en prend aussi aux organisations syndicales. « Au début, j'étais entré à la CGT. C'était suite à un conflit personnel avec mon employeur, dans lequel les délégués m'avaient bien défendu. Mais une fois que j'ai été élu, on m'a demandé de me calmer et j'ai vu des choses difficilement explicables. Par exemple, ça ne plaisait pas aux autres de la CGT que je me rende à l'Inspection du travail pour poser des questions ou faire intervenir un inspecteur, alors que c'est un outil qui peut être très efficace. À la CGT, on m'a dit : "Tu dois passer par nous avant." J'ai répondu que toutes les fois où je passais par eux, ça ne donnait rien. Et qu'il fallait bien que j'apprenne à me défendre parce que j'étais moi-même attaqué depuis que j'avais un mandat ! Il y avait d'autres choses qui n'allaient pas. Par exemple, il n'y avait pas moyen que la CGT me forme aux droits du travail et au syndicalisme. On me disait qu'il fallait que j'attende deux ans. Mais pour défendre les collègues et me défendre moi-même, c'est long d'attendre deux ans.

Alors, j'ai acheté avec mon propre argent le Code du travail et toutes sortes de livres syndicalistes. En fait, j'ai dû me former moi-même au départ. C'était difficile. Et je suis allé voir régulièrement l'Inspection du travail ; elle m'a plus soutenu que la fédé pour m'apprendre les droits. J'ai fini par aller voir d'autres syndicats. Mais j'ai compris qu'ils fuient les employés et qu'ils les sabotent quand ils revendiquent. De fil en aiguille, j'ai quitté ce boulot. Aujourd'hui, je bosse dans la presse et je suis retourné à la CGT parce que, là, dans ce secteur, ils ont une vraie tradition de militants, les patrons ne rigolent pas. Enfin, j'espère que les cadres ne finiront pas par avoir la peau de ce syndicat, ils tentent de nous diviser, ils ne remplacent pas les gars qui partent à la retraite. Et ils délocalisent progressivement. En fait, je m'aperçois que le syndicalisme, ça tient énormément à la qualité des personnes qui sont élues, on ne sait jamais à l'avance si un gars va être bien ou pas, s'il va ramper ou se battre. J'imagine que c'est la même chose au niveau confédéral. Alors, quand on voit partir les plus combatifs, ça nous fait mal. »

Ramouna Djelalli confirme de son côté : « Que ce soit avec un syndicat ou un autre, j'ai toujours vu que les patrons dans le nettoyage sont très tranquilles. Quand il y a un problème et que je vais voir la direction pour le régler, ils donnent un coup de fil à je ne sais qui, rien ne bouge et ils s'en lavent les mains. C'est bien huilé. Ça dépend surtout des arrangements entre eux et s'ils se connaissent bien ou pas. J'ai vu des délégués qui sont passés de 1 300 euros par mois à 2 000 euros d'un coup, ils se sont calmés, ils savent qu'ils n'auraient pu arriver à ce salaire par leurs propres qualifications. S'ils ont des bouches à nourrir, ça ne leur laisse pas beaucoup de choix. Il faudrait parler aussi des patrons qui s'arrangent avec les syndicats pour payer des types qui ne vont plus venir travailler et qui deviennent des permanents. Ceux-là, c'est sûr, ils ne vont pas emmerder celui qui leur verse le salaire pour faire autre chose. J'ai décidé de rejoindre Sud-Solidaires, le nouveau syndicat, je sais qu'ils ne pratiquent pas ce genre de choses. J'ai fait la connaissance d'une femme qui milite dans ce syndicat et, avec elle, les choses ne traînent pas, d'après ce que m'ont dit des amis. J'espère que ce sera mieux. »

Nous avons contacté Sarah Bouali, secrétaire générale de Sud-Nettoyage, connue pour sa détermination et, dit-on, redoutée des patrons. « Aujourd'hui, les salariés ont commencé à comprendre que Sud-Nettoyage les défend vraiment et nous sommes devenus majoritaires. Nous avons le collège ouvrier, le collège B et le collège de maîtrise. Nous avons eu 300 personnes pour nous sur 700 votants. Les patrons ont encore du mal à se faire à cette idée, ils continuent à nous dire que nous ne sommes pas représentatifs et refusent souvent de discuter avec nous. »

Les directions d'entreprise rechignent manifestement à dialoguer avec les syndicalistes de Sud. « Par exemple, poursuit Sarah Bouali, une chef de secteur qui dirige 150 salariés répartis sur différents chantiers de nettoyage a été licenciée pour une raison très intéressante. Pour appuyer sa procédure, l'employeur l'a accusée de “faute lourde” et a déposé une plainte au pénal. Ce qui empêche un recours auprès des prud'hommes : le pénal chasse le prud'homal. Après avoir mené notre enquête sérieusement pour tirer les choses au clair, nous avons constaté que l'argument de “faute lourde” est faux. En fait, nous avons découvert qu'on lui reprochait tout simplement d'avoir voulu payer normalement les heures supplémentaires des employés. Ce qui n'a pas plu du tout et la situation s'est envenimée. Elle est allée voir les autres syndicats, mais ils lui ont répondu qu'ils ne pouvaient pas la défendre. Alors elle est venue nous voir pour nous expliquer ce qui lui arrivait. Maintenant que nous avons bien étudié le dossier, nous avons décidé d'organiser une grève pour la soutenir. Un rendez-vous a été pris avec une personne de la direction. À notre surprise, le représentant d'un syndicat accompagnait le président et il nous a fait savoir aussitôt qu'il avait été voir les salariés pour les convaincre de refuser la grève. »

Sarah Bouali évoque aussi des chantiers où il est demandé aux salariés qu'ils se rendent dans des entreprises à des heures et dans des zones impossibles à rejoindre autrement que par leurs propres moyens, c'est-à-dire en voiture. « Ce cas est assez commun. En ce moment, par exemple, l'employeur a des chantiers à Roissy dans de grands hôtels de luxe où il n'y a pas de bus aux heures de nuit et où les gens de l'entretien doivent se débrouiller pour venir. Il refuse en plus de payer leurs frais d'essence. »

Au fait, les patrons n'ont-ils jamais tenté d'acheter Sarah Bouali ? « Jamais directement. D'une part, on me connaît, on se méfie et j'impose un certain respect. Les syndicalistes sont précédés par leur réputation. D'autre part, les propositions en ce qui me concerne sont toujours très détournées : on me dit par exemple que mes capacités intellectuelles me permettraient d'accéder à des postes beaucoup plus intéressants... Ne pas donner suite à ce genre de propos, c'est assez significatif pour stopper les employeurs quand on n'a pas la réputation de se laisser manœuvrer. Celui qui veut marcher dans la combine, il suffit qu'il manifeste un intérêt face à ce genre de remarque pour embrayer. »

« Syndicalisme de soumission »

José Tison, un ancien de Sud-Rail qui s'est longtemps investi auprès des salariés du nettoyage, ne craint pas d'affirmer : « Dans ce secteur, il faut bien le dire, beaucoup de délégués sont purement et simplement achetés par les directions. Tout reste à faire, ou plutôt à remettre à plat. Il faut repartir de zéro. »

Étienne Deschamps, juriste du syndicat CNT Nettoyage d'Île-de-France, apporte des précisions : « La corruption de syndicalistes est une pratique qui s'est développée depuis vingt ans dans ce secteur. C'est un syndicalisme de soumission. Il touche quasiment tous les syndicats. Les délégués qui ne jouent pas ce jeu font l'objet d'une répression patronale très dure. »

On nous explique par ailleurs que la CGT Nettoyage, qui dépend curieusement de la fédération Ports et Docks, est très soutenue par le patronat. Les publicités dans les bulletins syndicaux illustrent la qualité de leurs relations. Ce n'est pas illégal, bien sûr, mais on peut comprendre ceux qui s'en étonnent. « Une façon de "tenir" les représentants du personnel, poursuit le juriste syndical, est de leur attribuer des petits avantages. Promotion pour devenir chef, voiture de fonction, double salaire (au nom de deux boîtes de nettoyage), tout est bon, même l'obtention de logements par le 1 % patronal. Les DRH ne demandent pas nécessairement à l'heureux bénéficiaire d'abandonner son mandat, c'est plus fin que cela : ces avantages impliquent "spontanément" une forte baisse du niveau de revendication. On le constate alors par touches successives : au début, le délégué du personnel vient un peu moins aux réunions, puis plus du tout. Ensuite, ses camarades nous expliquent qu'il délaisse certains dossiers urgents ou qu'il ne s'occupe plus guère de son travail syndical. Pire, qu'il minimise les problèmes des salariés. Enfin, on apprend qu'il a déménagé après avoir obtenu un appartement plus grand, mais sans vraiment s'en vanter. Ce sont souvent des indices forts. Tous les syndicats sont touchés. Le nôtre n'est pas à l'abri non plus de ces tentations.

« C'est difficile pour nous de repérer d'emblée ce piège, souvent tendu aux plus fragiles des salariés, des immigrés dont les besoins de logement, par exemple, sont des urgences absolues. De plus, j'estime que 25 à 30 % d'entre eux sont sans papiers, ce qui les rend encore plus vulnérables. Certains DRH connaissent tous ces points faibles et en jouent non seulement pour casser toute démarche syndicale, mais pour imposer des conditions de travail déplorables. Exemple : les heures supplémentaires non payées. On a vu des camarades se faire virer le jour où ils annonçaient avoir obtenu des papiers !

« Le résultat de tout cela est simple : nous n'avons pas eu de véritable avancée sociale depuis quinze ans. Et la dernière grille de classification des emplois, en 1982, s'est traduite par une régression pour les salariés. Elle a pourtant été signée par la CGT, la CFDT, FO et la CFTC[1]. »

Devant toutes ces graves mises en cause, nous avons bien sûr contacté la confédération CGT. Alain Renault, conseiller de Bernard Thibault, a bien voulu répondre à nos questions[2]. Nous lui demandons en particulier de nous éclairer sur les rapports entre ce syndicat, la fédération et les structures interprofessionnelles. « Ces rapports ont toujours été relativement tendus. Et disons... un peu compliqués. En même temps, la confédération

---

1. Entretien avec les auteurs, décembre 2007.
2. *Idem.*

n'a pas les moyens statutaires d'intervenir dans la vie des organisations. Quand ces conflits entre les gars de la CGT dans le secteur du nettoyage ont commencé à trop s'envenimer, on a demandé à Gérard Billon, chargé de la vie syndicale, et à un secrétaire de l'Union régionale Île-de-France de mettre de l'huile dans les rouages, et notamment sur la question des désignations des délégués syndicaux qui ne se faisaient pas de façon très orthodoxe. Au point que c'étaient parfois les tribunaux qui étaient chargés de dire qui était le bon délégué CGT ! »

Alain Renault explique ensuite que la CGT a créé un comité de suivi sous la forme d'un groupe de travail, avec les structures départementales, l'Union départementale d'Île-de-France, l'Union régionale, la Confédération et le syndicat en question : « L'idée était que toutes les décisions autour de cette affaire soient prises le plus collégialement possible. » Quel en est le bilan aujourd'hui ? « Certains dirigeants ont reconnu qu'il fallait plus de démocratie, notamment dans la désignation des délégués, plus de transparence avec les syndiqués (...). Désormais, les nominations se font selon des règles correctes. » Cette réponse ne coïncide pourtant pas avec nos témoignages qui déplorent que ce syndicat soit toujours dirigé par les mêmes personnes et que des délégués « défendent plus les patrons que les salariés ». Face à cela, Alain Renault admet que la confédération ne peut rien faire de plus. Il reconnaît que les adhésions aux syndicats peuvent être dévoyées : « On sait qu'être adhérent à tel syndicat, CGT notamment – mais pas uniquement –, peut accélérer l'embauche. Nous ne trouvons pas cela normal. Malheureusement, cette pratique existe. »

Nous lui signalons des pratiques de neutralisation des syndicalistes, par exemple celle qui consiste à leur demander d'abandonner leur mandat syndical en échange d'un appartement par le 1 % patronal. « Oui, ça existe. Des patrons peuvent dire à un délégué : “Tu la fermes, tu signes l'accord machin et on te règle tes problèmes perso.” Ou encore : “Lève le pied sur les revendications”, “Ne défends pas untel”, etc. Notez bien quand même que si ces pratiques existent, c'est aussi qu'elles sont orchestrées et acceptées par le patronat. » Le conseiller de Bernard Thibault conclut : « On a progressé avec ce syndicat sur les questions de délégation, par contre, sur le fonctionnement, on reste dans une situation a peu près identique à ce qu'elle était avant. » Il reconnaît l'existence de toutes les pratiques évoquées et se fend d'une formule frappante : « Je tiens cependant à dire aussi que, lorsque j'entends parler de corruption de certains dirigeants de la CGT, cela n'est pas toujours avéré. »

La santé des salariés, continent obscur des syndicats

Cette situation désastreuse dans le secteur du nettoyage ne fait qu'entretenir des conditions de travail lamentables. Pour ne parler que du plus urgent, la santé des salariés, tout reste à faire. La prévention face aux produits toxiques, trop peu contrôlés et trop généreusement utilisés, est à peu près au niveau zéro. Les chefs d'équipe sont pourtant censés donner des consignes de sécurité. Or, l'un deux explique : « Il arrive qu'avec les produits de nettoyage des accidents surviennent, à force de les respirer certaines femmes ont la tête qui tourne. Quand ça arrive, je leur dis de s'aérer un peu, sinon... Il ne faut pas qu'on soit obligé d'appeler le Samu ! C'est déjà arrivé. Plusieurs fois, on a changé les produits. Avant, pour les sols, on passait du chlore et d'autres produits par-dessus, mais maintenant c'est soit l'un soit l'autre, et surtout pas les deux, ça fait des gaz mortels (...). On doit faire attention aux mélanges. » Bonne remarque. Mais il ne dit rien des maladies professionnelles, pourtant en nombre dans ce secteur, liées aux produits cancérigènes et aux produits neurotoxiques.

Où sont les représentants syndicaux et leurs CHSCT (comités d'hygiène, de sécurité et des conditions de travail) qui devraient normalement veiller au respect des principes de sécurité et se montrer attentifs aux maladies graves ? « On est une société sous-traitante, explique le chef d'équipe. On n'est pas dans ces trucs-là, CHSCT et les machins comme ça, non. Il n'y a pas beaucoup de syndiqués chez nous. » Il en va ainsi la plupart du temps : la sous-traitance confiée à de petites entreprises échappant au syndicalisme s'est généralisée.

Concernant les problèmes de santé, les plus grosses entreprises nous renvoient vers la Fédération des entreprises de propreté (FEP) qui compte 2 000 entreprises adhérentes. Laquelle nous déclare, par la voix de Cécile Lefresne, du service économique et technique de la FEP : « Nous informons les entreprises par le biais d'une circulaire dès qu'il y a une actualité de type nouvelles normes sur les produits toxiques, mais nous n'avons pas fait de réunion spécifique sur la question. » On ne nous en dira pas plus.

Que font les médecins du travail auxquels les entreprises sont censées soumettre leurs salariés ? « Dans le nettoyage, le personnel est très souvent renouvelé, ça change tout le temps, il est presque impossible de les suivre médicalement », explique un médecin du travail qui ne tient pas à voir son nom cité. « C'est exactement comme dans l'industrie nucléaire où l'on externalise de plus en plus les risques et les sales boulots, poursuit-il. De pauvres types qui ne connaissent rien aux risques sont envoyés avec des protections sommaires ou en tee-shirt nettoyer des zones radioactives, où même les salariés des centrales nucléaires évitent d'aller avec les combinaisons les plus étanches. » La réalité est vérifiable : le pire est atteint en effet sur les sites où des fûts de déchets radioactifs sont entreposés, en mauvais état. « Des sociétés de nettoyage sous-traitantes ont régulièrement envoyé des gars au milieu de ces fûts pour dégager les canalisations obstruées par la poussière et la boue. La technique consiste à limiter leurs missions et à les réutiliser dans d'autres secteurs de nettoyage. Comme ça, personne ne fait jamais le lien quand ils développent leur cancer. Vous croyez que les syndicats dans les centrales empêchent ces méthodes ? Personne ne bronche sérieusement. Et l'on voudrait que les médecins du travail soient les seuls à prendre leur courage à deux mains pour gueuler ? » Curieuse déclaration d'impuissance. Les médecins du travail ne sont-ils pas eux-mêmes regroupés en syndicats ? Que font précisément leurs syndicalistes ? Ne doivent-ils pas faire valoir auprès des entreprises leur mission et les devoirs des directions de protéger les salariés ?

Ils ne semblent pas très actifs, pour employer un euphémisme. Si certains se sont distingués au cours des dernières années, ils se comptent sur les doigts d'une main. Et ils nous confirment que les syndicats des médecins du travail sont beaucoup trop en retrait de manière générale [1]...

Poursuivons notre tour d'horizon des entreprises dans lesquelles des délégués aimeraient pouvoir exercer leur mandat sans se heurter à des mœurs avariées...

Les cercles corrupteurs

À cette étape de notre enquête, des tendances se dessinent déjà assez clairement : les syndicats font l'objet de pressions corruptrices pour contenir les militants et, *in fine*, les salariés. Et ils n'y résistent manifestement pas toujours. Les acteurs des affaires que nous venons

1. Entretiens avec des syndicalistes médecins du travail.

d'aborder en ont apporté des illustrations édifiantes. Les aveux des anciens dirigeants du patronat, mais aussi ceux d'employeurs siégeant dans des conseils de prud'-hommes, les témoignages de responsables syndicaux des secteurs de la métallurgie et du nettoyage permettent de vérifier l'existence de ces pratiques qui visent tant et si bien à rendre les syndicats pacifiques qu'elles les rendent tout bonnement passifs. Sans même entrer dans la discussion sur les vertus comparées du syndicalisme de lutte, qui a historiquement permis d'arracher des droits sociaux, et du « syndicalisme de négociation », aujourd'hui prôné par les confédérations pour « moderniser les relations et sauver ce qui peut l'être », on peut avancer que de tels procédés contribuent tout simplement à faire naître un syndicalisme docile. L'influence que les entreprises exercent sur les instances fédératives des syndicats, nous l'avons vu, peut conduire ces dernières à calmer leur base, à exclure des élus combatifs et à désigner elles-mêmes leurs remplaçants.

L'apparition de guerres intestines au sein d'un syndicat constitue l'un des symptômes du malaise qui résulte de cette situation. Reste à vérifier l'étendue de cette dernière et son impact sur la vie syndicale en France.

« On a régulièrement affaire à des histoires étonnantes, explique Étienne Deschamps, le juriste du syndicat CNT Nettoyage. Cette année, par exemple, un de nos délégués CNT s'est fait virer d'une société de nettoyage. Nous avons monté un rassemblement de protestation devant le siège de la boîte. Qui protégeait l'entrée des locaux, selon vous ? Une quinzaine de syndicalistes ! Certains syndiqués CGT ont essayé de résister à ces méthodes, notamment en créant un collectif de nettoyage CGT, avec son propre journal. Il y eut également des élections dans certaines boîtes avec deux listes CGT différentes. Mais faute de soutien en haut lieu pour faire le ménage, ce collectif s'est découragé. »

Un autre syndicaliste, ancien permanent, ne mâche pas ses mots : « Il y a plusieurs façons d'amadouer : aujourd'hui, tous les délégués régionaux sont chefs d'équipe ou responsables de chantier. Il y a aussi l'attribution d'une voiture de fonction, de primes diverses, de doubles emplois, des pages de publicité dans les journaux syndicaux internes, des formations bidon, les détachements de permanents dans les fédérations... Concrètement, ça se traduit par des interventions syndicales pour casser des grèves et, pire, pour accompagner le licenciement de salariés pour faits de grève. »

Alors pourquoi une grande partie d'entre eux sont-ils réélus ? Nous ne sommes pas au bout de nos surprises. « Pour pouvoir garder leur pouvoir, poursuit ce syndicaliste, ils trafiquent les élections. Les votes se font presque systématiquement par correspondance, avec ou sans boîte postale. Le grand classique, c'est le bourrage des urnes. Une confédération a reconnu un problème de dérive, mais rien de sérieux n'a été fait. Certains délégués bénéficient parfois des largesses de grosses boîtes de la profession pour aller foutre le bordel chez les concurrents. C'est typique d'un système mafieux. »

L'homme a-t-il assez insisté auprès de sa confédération ? « Il y a quelques années, il y a eu un congrès de ma fédération nettoyage, en présence de vigiles payés par les boîtes de nettoyage, et qui filtraient les participants afin d'écarter nos militants contestataires de ces méthodes. C'est là que je me suis dit que ce n'était plus possible. On n'a jamais vu ça. J'ai alors saisir le bureau confédéral, lequel a renvoyé gentiment mon courrier à la fédération concernée. » Le secteur du nettoyage pose un problème de plus en plus cuisant à la confédération, lequel risque de devenir tôt ou tard la mèche qui mettra le feu aux poudres...

Chapitre IV

Le cas Dalkia

Quittons le secteur du nettoyage que nos témoins estiment être l'un des plus rebutants, pour aller voir si les mêmes symptômes se manifestent ailleurs et, si oui, ce qu'ils cachent. Des syndicalistes nous signalent la guerre intestine survenue chez Dalkia, entreprise de chauffage urbain relevant à la fois des secteurs de la construction et de l'énergie. Nous prenons alors contact avec Ali Bendris qui travaille dans cette filiale d'EDF et de Veolia comme technicien depuis trente et un ans. Il a été délégué syndical CGT durant vingt-six ans, de 1978 jusqu'en 2004, et membre CGT du comité de groupe de Veolia, de 1998 à 2004. Sa fidélité à la CGT est donc difficilement contestable. En 2002, Ali Bendris et ses camarades ont commencé à informer régulièrement la direction syndicale fédérale de la construction, à laquelle leur syndicat était affilié, de l'existence de pratiques antidémocratiques vis-à-vis d'autres militants syndicalistes et syndiqués. « Ces alertes sont restées sans résultat, explique-t-il, et, finalement, c'est pour cette raison que nous avons souhaité nous désaffilier de cette fédération et rejoindre la fédération CGT de l'énergie. Nous avons alors pris la dénomination CGT-E (un sigle en forme de clin d'œil qui se décline en Collectif général du travail de l'énergie), et notre syndicat qui s'est rapidement étendu en France est devenu la plus grande organisation syndicale de Dalkia. » Ali Bendris, secrétaire général adjoint du CGT-E, poursuit : « Dans un premier temps, en janvier 2004, la fédération de l'énergie a approuvé notre décision, mais elle s'est rétractée quelques mois après, en avril 2004. Devant cette attitude, nous nous sommes rapprochés du syndicat Sud. »

Dès le début des années 2000, des militants cégétistes s'étaient déjà émus de constater l'étroitesse des liens entre la direction et la fédération de la construction. « C'était troublant, explique Ali Bendris, et toutes sortes de faits ont perduré les années suivantes. Les rencontres avec la direction devenaient fastueuses et étaient organisées dans des locaux somptueux, elles se multipliaient lors des réunions du comité de groupe de Vivendi Universal mais, du fait de notre incompréhension et de nos critiques, la délégation CGT de Dalkia était reléguée, y compris lors des dîners à la brasserie Clément sur les Champs-Élysées, alors que les délégations CGT des autres secteurs étaient généreusement accueillies. Les délégués provinciaux étaient logés aussi dans des hôtels des Champs-Élysées. Il y eut même une invitation des syndicalistes durant une semaine à New York par Jean-

Marie Messier. Sur l'ensemble du séjour, une seule journée a été consacrée au travail. Lors d'une réunion au siège de la confédération à Montreuil, lors de la chute de Messier, étaient présents le secrétaire du comité de groupe et d'autres qui ont carrément défendu la politique de Messier[1]. »

La manne publicitaire

Ce récit corrobore de nombreux autres témoignages, rappelant que les syndicats ouvriers, à tous les niveaux de leur hiérarchie, ont toujours montré une grande mansuétude pour JMM, même quand il apparut que le P-DG avait mené le groupe au bord de la ruine. Ali Bendris se souvient très clairement de l'enchaînement des événements : « La rupture avec la fédération de la construction a vraiment pris forme en avril 2003, lors d'une réunion informelle dans un salon luxueux (encore aux Champs-Élysées), en présence d'un représentant de la confédération spécialiste des publicités, d'un membre du bureau de la fédération de la construction, de représentants de la CGT de Dalkia et du directeur des ressources humaines, Éric de Ficquelmont, lequel nous a déclaré vouloir recomposer le champ syndical chez Veolia et que la CGT devienne l'interlocuteur principal. Durant cette période, des pages de publicité ont foi-

1. Entretien avec les auteurs, octobre et novembre 1997.

sonné dans les revues de la fédé de la construction. Les pubs de Dalkia et de Veolia Environnement dans le journal fédéral *L'Aplomb*, notamment, sont devenues très régulières. » Nous avons en effet vérifié que les mêmes publicités étaient diffusées de nombreuses fois, notamment celle représentant la vue aérienne d'un village niché au cœur d'un bel environnement vert entourant un arbre, avec cette légende : « Si on vous dit environnement, vous voyez quoi ? Vous voyez un arbre, mais paradoxalement il faut y voir un défi industriel parce qu'il faut aujourd'hui savoir concilier activité humaine et environnement. »

Ali Bendris nous fait remarquer qu'en octobre 2004, dans le sillage de cette campagne de pub, Bernard Thibault aurait donné son accord aux syndicalistes CGT de Montreuil pour qu'ils interviennent dans le conflit opposant les résistants du collectif à la fédération de la construction. Y a-t-il une relation de cause à effet ? Certains salariés la soupçonnent, mais réduire ainsi l'attitude du leader aux vertus de cette campagne publicitaire est aussi infondé que d'imputer au maillon d'une chaîne qui bouge le mouvement d'un autre maillon éloigné. Entre le groupe industriel et Bernard Thibault, de très nombreux intermédiaires évoluent et l'opacité de leurs relations ne permet en aucun cas de formuler de telles hypothèses. Que ces publicités aient apporté de l'oxygène à la CGT, oui, sans le moindre doute. Que le groupe financeur en ait attendu certains effets adoucissants, on peut le supposer, sans toutefois préciser lesquels. Que des syndicalistes en conçoivent généralement de meilleures dispositions à l'égard de celui-ci, on peut aussi le penser, mais sans savoir à quel niveau et sous quelle forme elles se traduisent. Mais l'hypothèse d'une corruption du leader, gardons-nous d'y songer. Elle serait diffamatoire et surtout stupide. Il est dans les fonctions de Bernard Thibault de veiller à résoudre des guerres internes, et qu'il ait voulu qu'on mette un terme à celle-ci sans avoir le temps d'y regarder de plus près ne constitue en rien une attitude complaisante. Qu'il ait longtemps hésité avant de permettre aux confédéraux de s'immiscer dans ce déchirement est d'ailleurs tout à son honneur...

Gardons-nous des raisonnements qui, de façon générale, vont trop vite en besogne, reliant les pubs à des accords quelconques ; l'opinion publique a ce défaut cavalier. Rappelons fermement, pour combattre toute confusion, qu'une coïncidence de dates n'est qu'une coïncidence de dates, de même qu'une coïncidence entre des versements pour des pubs et une attitude favorable à l'annonceur reste aussi une coïncidence. Enfin, notons-le avec insistance, le fait de passer des pubs dans la presse syndicale est devenu commun et n'est pas condamné par les tribunaux, même quand les syndicats ne sont pas des clients de l'entreprise ; que ces montants soient modestes ou parfois, comme nous le constaterons ailleurs, très généreux.

En tout état de cause, une chose est sûre : les responsables fédéraux de la CGT avaient alors exigé du syndicat CGT-E de Dalkia qu'il dissolve son collectif et que ses militants obéissent aux orientations décidées par les fédérations cégétistes, autrement dit qu'ils n'aient plus d'action autonome.

Peut-on affirmer que des responsables cégétistes ont été sensibles à la démarche financière du groupe qui s'est payé des publicités dans les revues du syndicat ? Ils sont les seuls à pouvoir répondre, même s'il est tentant d'y voir un « argument » de poids, sinon un procédé rodé.

Il reste néanmoins légitime de s'interroger sur l'intérêt que peuvent trouver de grands groupes privés à faire publier des publicités onéreuses dans des publications syndicales dont les lecteurs sont, par définition, déjà sensibles à l'existence et au développement de leur entreprise. En terme de marketing, l'objectif de cette démarche publicitaire reste assez mystérieux. Afin d'éclairer nos lanternes, nous avons contacté les protagonistes, lesquels se sont retranchés derrière la même argumentation invérifiable, sans vouloir nous en dire davantage : les publicités en question ont été payées à leur juste prix. Quant à leur finalité, les fédérations CGT estiment que ce n'est pas à elles de « juger de l'intérêt que les annonceurs trouvent à lancer des campagnes de publicité, c'est une question qui regarde les concepteurs publicitaires. Ils veulent sans doute rendre l'image de leur entreprise plus sympathique, même s'ils n'ont effectivement rien de précis à vendre aux lecteurs ». Du côté des entreprises, on nous explique que « les publicités n'ont pas toujours pour but de vendre un produit. Elles vendent une image, une identité, elles diffusent un sentiment de solidarité. C'est pourquoi nous diffusons aussi des publicités sur les chaînes de télévision et dans toute la presse ». Personne ne rappelle qu'elles ouvrent aussi les vannes d'un financement continuel qui peut constituer un argument de pression quand un conflit surgit, voire conduire à des formes de refoulement plus ou moins « inconscient » ou d'autodiscipline...

Ali Bendris et ses compagnons de lutte auraient aimé, expliquent-ils, rester au sein de la confédération, mais il est vrai que celle-ci ne leur a pas vraiment laissé le choix.

Et les choses n'ont pas été en s'arrangeant. Depuis 2004, la direction de Dalkia et la fédération CGT de la construction ont intenté 27 procès contre le collectif CGT-E, essentiellement pour contester sa représentativité. « Ils s'acharnent et nous attaquent systématiquement. Peut-être qu'en multipliant les procédures, ils se disent qu'ils finiront bien par obtenir quelque chose. Ces procédures sont coûteuses, tout cet argent ne pourrait-il pas être employé à meilleur escient », s'interroge Ali Bendris qui feuillette *L'Aplomb* en nous montrant les publicités.

Les attaques juridiques lancées contre le collectif CGT-E ne l'ont pas empêché de devenir, en mars 2005, le syndicat majoritaire au deuxième tour des dernières élections professionnelles d'Île-de-France. Et finalement, le tribunal d'instance de Vanves chargé de trancher la question de leur représentativité a donné tort à ceux qui la contestaient.

Courbes inversées

Examinons quelques chiffres surprenants : en 1974, on comptait 120 000 adhérents à la fédération CGT de la construction, et 4 permanents cégétistes payés. En 2007, il n'y a plus que 15 000 adhérents, et 30 permanents cégétistes payés ! Comment expliquer le croisement contradictoire et absolument invraisemblable de ces deux courbes ? Si d'un côté le nombre des cégétistes professionnels dans la construction a été multiplié par 7, de l'autre le nombre des adhérents représentés a été divisé par 8. On pourrait se féliciter de la capacité de la fédération à développer ses équipes de permanents si elle était assise sur ses cotisations. Or, ce n'est clairement pas le cas : la baisse spectaculaire de ses syndiqués montre qu'elle a trouvé ailleurs l'argent nécessaire. Où ? Pourquoi ? En échange de quels services ?

Si l'on avait brandi ces chiffres aux plus belles heures du syndicalisme, le scandale aurait été énorme. Comment ces permanents sont-ils payés et par qui ? Un tiers est payé par les entreprises dans le cadre d'« accords de détachement »... S'il est difficile d'en savoir plus, cette information est déjà instructive.

Quelles énigmes renferment ces courbes inversées ? Y a-t-il une relation entre le renforcement financier du syndicat et la désyndicalisation des salariés du secteur ? Notons d'abord que plus les rentrées liées aux cotisations s'affaiblissent, plus un syndicat peut être tenté de les compenser en cherchant d'autres sources de financement. Évidemment, en principe, il n'y gagnera pas en indépendance, que la manne soit publique ou privée. Il apparaît logiquement que c'est la solution adoptée, de fait, par la fédération CGT de la construction.

Mais rien ne dit que la désyndicalisation est la cause de cette dérive. Elle peut au contraire tout aussi bien découler du soutien financier contre-nature : en assurant les besoins matériels ou financiers d'un syndicat, cette « générosité » contribue à éloigner les syndicalistes de leur base dont les cotisations deviennent superflues. Analyser ces courbes sans abdiquer sa foi dans la sainteté de la fédération nécessiterait, au minimum, de reconnaître le caractère corrupteur du système lui-même et de croire que le syndicat n'en a pas conscience. Soit. Mais décidément, que dirait-on sans l'hypothèse de l'inconscient ?

Ali Bendris en a une idée. Quelques autres militants aussi. Selon eux, les bonnes relations de la CGT et du groupe industriel ont donné lieu à des arrangements. Ils évoquent des cas troublants de syndicalistes remerciés avec un bon pactole. Celui-ci, par exemple : « Un responsable fédéral, qui avait voulu la peau de CGT-E, a négocié avec la direction de Dalkia Nord son départ pour une jolie somme en 2003 et a acheté un café. » Nous retrouvons en effet la trace du syndicaliste et de son café. Mais rien ne permet d'affirmer que son départ de l'entreprise en échange d'une somme enviable relève d'une compromission syndicale.

Cette guerre de la CGT contre ses propres militants chez Dalkia n'a rien d'exceptionnel. Nous avons vu qu'elle existe aussi à la SNCF, et des témoins nous rapportent des affaires semblables concernant de nombreuses autres entreprises, mettant en cause aussi d'autres syndicats. Le même mal les ronge de l'intérieur, visiblement entretenu par des directions d'entreprise qui n'hésitent pas à utiliser les mêmes recettes nocives : l'argent, les coups de pouce à la carrière, les petits cadeaux... Nous y verrons à nouveau les mêmes courbes déprimantes de désyndicalisation massive des salariés croiser, de façon tout à fait contradictoire, des courbes de « professionnalisation » des élus syndicaux en pleine ascension. Les dossiers pleuvent, tous plus épais les uns que les autres, venus des quatre coins du pays. Nous avons le sentiment de réécrire le célèbre *Tour de France* de Bruno où deux enfants découvraient les différents métiers et les régions. Sauf qu'ici le point de vue est légèrement décalé, moins ingénu : ce Tour de France sous l'angle syndical sent le soufre et les métiers apparaissent bien mal défendus ; la même maladie a gagné tous les secteurs économiques, jusqu'aux entreprises publiques, où différentes méthodes sont mises en œuvre pour calmer des fédérations entières... Notre voyage nous promet encore bien des surprises. Sans attendre, nous ne résistons plus à l'envie de mettre notre nez dans une pratique que nos témoins évoquent comme un procédé de plus en plus utilisé par les employeurs pour faire perdre la tête aux syndicats : la guillotine à lame d'or...

Chapitre V

Des syndicalistes licenciés à prix d'or

« La direction voulait se débarrasser de moi. J'étais délégué syndical CFDT, délégué du personnel et secrétaire du comité d'entreprise. Les conflits qui m'opposaient à la direction devenaient de plus en plus vifs. Un jour, on m'a proposé un arrangement : une démission de mes fonctions représentatives et un licenciement à des conditions très avantageuses. Un million de francs, c'était plus que tentant. En fait, c'était juste ce qu'il me fallait pour démarrer une petite entreprise de conseil... » Marc Costes dirigeait la zone Afrique de l'export du laboratoire pharmaceutique Innotech International, il a accepté l'arrangement. Le licenciement sans motif légal a eu lieu au printemps 1996. « La direction m'a proposé cette transaction au moment où j'avais décidé de monter un comité de groupe pour obliger la holding à partager ses informations sur les comptes, notamment sur les bénéfices. Jusqu'alors, l'entreprise était divisée en unités de moins de 50 salariés, échappant de fait aux comités de contrôle. »

Marc Costes n'a pas de remords, il regarde les choses très froidement. « J'ai senti que c'était une occasion qui ne se représenterait pas forcément dans l'avenir avec les mêmes attraits si je refusais. Je n'ai pas hésité longtemps. Je me suis même permis de demander un traitement similaire pour deux collègues proches qui avaient aussi des responsabilités syndicales. La direction a accepté. Nous avons empoché notre argent sans regret et nous sommes partis chacun de notre côté. »

Après son licenciement et celui des deux autres délégués, il savait pourtant que la vie syndicale au sein de l'entreprise allait changer. « Je n'avais pas d'illusion sur ce que ferait la direction ensuite : comme dans les autres entreprises, elle chercherait à monter un syndicat aux ordres (...). Nous étions déjà au fait que ce genre d'opération se faisait un peu partout. Je pense que c'est l'un des facteurs de la désaffection syndicale. Quand les salariés voient partir les vrais syndicalistes et qu'ils ne sont plus réellement défendus, ils n'ont plus envie de se syndiquer. »

L'ancien syndicaliste CFDT parle de cette opération comme d'une pratique aussi répandue que discrète. Faut-il le croire ? « Pour acheter le silence des plus récalcitrants, le départ négocié à des conditions attrayantes est un procédé aujourd'hui couramment utilisé », confirme Jacques Grinsnir, avocat spécialisé en droit social, placé en première ligne des conflits au sein des entreprises et fin connaisseur des pratiques dont les syndicalistes sont la cible puisqu'il les défend souvent devant les tribunaux. « Les négociations sont généralement précédées par une phase de harcèlement intense. Une sorte de guerre d'usure, de préparation d'artillerie durant laquelle on cherche à briser le salarié. Pour se débarrasser des perturbateurs, on est passé d'une phase artisanale à une méthode qui est vendue clés en main par certains cabinets de conseil. Il existe même désormais des agences utilisant des *profilers* qui évaluent la victime avant que les DRH n'agissent. Profil psychologique, analyse des interventions en CE, etc. »

Jacques Grinsnir estime ainsi que la fragilité des syndicalistes est plus grande qu'autrefois, notamment devant la désyndicalisation massive des Français de ces dernières décennies, le pessimisme ambiant, l'individualisation, les idéaux en perdition... Et cette fragilité apparaît quand il faudrait avoir la volonté de refuser ces offres compromettantes. « Chez les victimes potentielles, les mentalités ont beaucoup bougé. Il y a vingt ans, beaucoup disaient : "Je ne signerai jamais." Maintenant, c'est rare. Il m'arrive de voir des gens brisés pleurer dans mon bureau. Ou des personnes qui ne mesurent pas leur propre faiblesse. En général, je leur conseille de signer. Ils n'ont pas vocation à être des héros. Face à l'acharnement de leur patron, j'insiste pour qu'ils comprennent que ce n'est pas eux mais leur fonction que l'employeur veut voir disparaître. »

À la CGC, on se veut catégorique : « Nous n'avons pas connaissance d'histoires de salariés mandatés ou de syndicalistes qui négocient leur départ de l'entreprise moyennant finances. Non, non, vraiment, je ne vois pas. » Au syndicat FO, on ne s'étend pas plus : « Certains en parlent, en effet. Mais on ne connaît pas de cas, ces méthodes restent sans doute très rares. » À la direction de la CFDT, on voit de quoi on veut parler, mais on jure qu'« on n'a jamais été alerté sur le sujet pour qu'on en parle au niveau national ». À la CFTC, on garantit tout ignorer du phénomène : « Ces pratiques, si elles existent, n'ont pas donné lieu à des informations qui seraient remontées au niveau confédéral. »

Qu'en dit le patronat ? Au début de l'automne 2007, à la veille des négociations entre les syndicats et le patronat pour réformer les contrats de travail (alors que le scandale de l'UIMM n'a pas encore éclaté), un responsable du secteur social à la direction de l'information du Medef, semble d'abord répondre sans complexe : « Oui, ça existait sous le manteau et ça existe encore. Mais il faut bien différencier à ce sujet les simples salariés et ceux qui sont protégés du fait de leurs responsabilités syndicales. Concernant les simples salariés, vu l'importance des transactions, on doit discuter bientôt entre les partenaires sociaux pour faire la part des choses en la matière, pour sortir de l'espèce d'illégalité qui règne et trouver une voie légale. Si ça peut aider tout le monde, pourquoi refuser ces transactions ? C'est tout de même mieux que de s'embourber dans des conflits et de se retrouver aux prud'hommes sans savoir *a priori* quels seront les coûts des procès et les sanctions pour les chefs d'entreprise ! Il faut fixer des balises et encadrer au mieux cette séparabilité, il faut la sécuriser. Le contexte de dérégulation et de mondialisation devrait nous permettre d'en discuter assez sereinement dans le cadre des négociations sur les contrats de travail qui aboutiront en 2008. »

Reconnaître aussi facilement l'existence d'une pratique illégale comme une banalité légitime en voie d'institutionnalisation est sans doute un signe des temps. Toutefois, il est inutile d'insister pour obtenir plus de précisions sur les transactions concernant ceux qui ont un mandat syndical... Sur ce versant, le responsable ne veut pas répondre lui-même : « Concernant les salariés délégués, le dossier est plus technique, il faut que nous prenions le temps de l'étudier, de vous trouver la personne capable de vous répondre. » Finalement, tourmenté par l'affaire de l'UIMM, le Medef versera dans une prudence qui n'apportera pas plus d'éléments.

« Cette pratique est devenue un classique, mais on se garde généralement de proposer ce petit traitement en première indication ! » nous confie un directeur des ressources humaines d'un gros équipementier automobile. Il nous explique que la proposition est le plus souvent précédée d'une guerre d'usure psychologique qui passe par toutes sortes de pratiques de harcèlement et de pression, éventuellement avec le relais de syndicats... « Moralement fatigué, un syndicaliste accepte de partir à un prix toujours plus faible », explique ce DRH. Ce vieux maître en achat de consciences dresse un bilan éloquent de cette stratégie de l'éreintement : « On gagne presque à tous les coups, la rareté des exceptions confirme la règle. »

Une étude du ministère de l'Emploi et de la Solidarité sur le licenciement des représentants du personnel révélait en 1998 que l'« accompagnement financier de la rupture » pouvait atteindre, en plus des indemnités légales et conventionnelles, 1,5 million de francs (230 000 euros), mais qu'il pouvait descendre jusqu'à 5 000 francs (760 euros) pour les moins exigeants[1]. Les auteurs reprennent à leur compte la douce appellation d'« accord transactionnel » pour qualifier cette pratique, euphémisme qui lui donne un tour apparemment plus « légal » et qu'emploient élégamment ceux qui ne veulent pas parler d'« arrangement » ou de « corruption ». L'étude n'a d'ailleurs jamais fait l'objet d'une diffusion très soutenue... Non plus que l'enquête de la Dares (Direction de l'animation de la recherche, des études et des statistiques, présidée par le ministère du Travail et des Affaires sociales) qui, en 2006, revenait sur le sujet et constatait qu'à l'échelle nationale 13 400 demandes de licenciement de « salariés protégés » (représentants du personnel et/ou représentants syndicaux) avaient été formulées, dont 11 600 avaient été acceptées par l'Inspection du travail[2]. Demandes de

---

1. Isabelle Brenn et Francis Meyer, *Le Licenciement des représentants du personnel en Alsace*, ministère de l'Emploi et de la Solidarité, 1998.

2. Victor de Oliveira, *Les Demandes de licenciement de salariés protégés*, Dares, ministère du Travail et des Affaires Sociales, 2006.

licenciement généralement présentées pour « motif économique », beaucoup plus rarement pour « motif disciplinaire » (14 % des cas en 2004)[1]. On y apprend qu'en 2004, les salariés visés ayant une fonction de représentation au nom de la CGT arrivaient en tête avec quatre demandes sur dix, suivis par ceux de FO et de la CFTC. Les syndicalistes CFDT suivaient avec un millier de demandes. L'enquête ne dit rien sur les montants financiers proposés, ce qui laisse planer un épais brouillard sur les motivations réelles des différentes demandes.

Des sources discrètes nous informent que, même après une longue guerre de tranchées, l'arrangement peut représenter des sommes exubérantes : « Dans certains cas, on monte beaucoup plus haut, jusqu'à un ou deux millions d'euros par exemple quand le syndicaliste risque de nous faire perdre des fortunes. » Notre DRH commente ironiquement : « Le délégué capable de résister à un cadeau pareil n'est pas humain ! En trente ans, sur l'ensemble des entreprises que je connais, je n'ai vu que deux syndicalistes devenir plus enragés après une proposition mirobolante. Le premier a voulu imposer des exigences encore plus hautes sur les négociations de départ car il avait les moyens de ce chantage, il pouvait mettre en péril la réputation de nos dirigeants et nous faire perdre des contrats dans le monde entier, mais

1. À ce sujet, l'enquête relève que le « motif disciplinaire » reste tout de même deux fois plus fréquent quand le salarié protégé à licencier est syndiqué.

nous avons trouvé nous aussi les moyens de le ramener à la raison. Le second a refusé tout arrangement et nous sommes toujours en conflit avec lui. Sur des dizaines et des dizaines de licenciements de syndicalistes, c'est peu ! D'ailleurs, il nous reste d'autres recours pour nous débarrasser des grands emmerdeurs. » Nous reviendrons sur les « autres recours[1] » en question.

Un délégué CGT d'une multinationale intervenant sur les marchés publics des déchets et de l'énergie nous déclare : « Acheter le licenciement des syndicalistes les plus actifs, je connais ça, c'est un réel problème. En 2003, j'ai moi-même refusé une proposition d'un million d'euros pour partir. J'avoue avoir pris le temps de réfléchir, de consulter ma femme et quelques amis avant de me décider. Depuis, la direction de ma société a tout fait pour me virer, et cela malgré l'Inspection du travail qui a toujours estimé que les raisons invoquées n'étaient pas recevables. »

Le licenciement doré, appelons-le comme ça, coupe souvent les têtes syndicales les plus convaincues et les plus actives, celles qui développent des qualités d'expertise et d'opposition qui embarrassent les directions. Le syndicalisme les perd alors souvent à jamais. Même ceux qui déplorent le phénomène voient mal comment l'enrayer... « Les délégués résistent difficilement à ces propo-

1. En particulier, le recours au ministre du Travail qui peut autoriser une procédure de licenciement, même quand un jugement prud'homal ou un inspecteur du travail s'y est opposé.

sitions, c'est un fait, soupire Félix, 52 ans, permanent syndical, qui préfère rester anonyme. Les cas sont fréquents, hélas ! Je connais des comités d'entreprise et des CHSCT de choc qui se sont vidés de leurs chefs de file avec le chéquier des patrons. On est complètement impuissants face à ça. »

Daniel, 59 ans, ancien délégué cégétiste, avoue qu'il a craqué pour un chèque de 600 000 francs en 1999 : « J'étais vraiment écœuré, on me guettait à tous les tournants, on m'en faisait baver à tout propos, je n'en pouvais plus. J'étais en procès contre la direction pour discrimination, les choses s'annonçaient mal pour elle, et là, on a commencé à me faire des amabilités, à me parler d'un départ arrangé. »

Autre exemple : Frédéric, ancien délégué CFDT très actif dans un groupe de distribution, gagnait à peine plus que le Smic. Un jour, un directeur l'a convoqué : « Il m'a dit que j'étais très compétent, que je devrais lancer ma propre affaire, qu'on pouvait me donner un sérieux coup de pouce (...). Je savais que je n'étais pas le premier. En deux ans à peine, j'avais vu quatre délégués partir avec leur pécule. On m'a proposé 300 000 francs, j'ai accepté. »

Officiellement, les directions syndicales ont du mal à reconnaître cette pratique. On n'avoue pas facilement la vulnérabilité d'une partie des troupes aux offrandes financières. « Pas de ça chez nous ! » entonnent en chœur les confédérations face à nos questions sur le sujet. Au mieux, on concède « quelques cas, mais pas de quoi menacer le syndicalisme »...

Heureusement, il y a aussi des chercheurs. « Le déni règne, c'est un sujet tabou ! » soupire Michel Miné, juriste en droit social, enseignant-chercheur[1]. « Avouer ces pratiques n'est pas simple, elles sont entachées d'illégalité lorsqu'elles ont lieu, comme c'est souvent le cas, avant même une éventuelle autorisation de l'Inspection du travail. » Le juriste rappelle, à toutes fins utiles, qu'on peut se rétracter après avoir signé la transaction : « On peut attaquer l'employeur soit sur le plan administratif pour faire annuler l'autorisation de licenciement, soit sur le plan pénal pour faire reconnaître le délit d'entrave. Il est aussi possible d'agir sur le plan civil pour faire annuler un accord dont les concessions réciproques sont mauvaises. »

Judicieux rappel. L'accord douteux donne parfois lieu à des remords chez le syndicaliste licencié qui n'ose généralement pas revenir en arrière et s'imagine mal en train de dénoncer une transaction qu'il a honte d'avoir acceptée. Car on peut comprendre les raisons qui poussent à accepter dans un premier temps un accord intervenant souvent après des années de conflits et de pressions usantes, que beaucoup d'autres n'ont jamais eu le courage d'affronter et qui finissent souvent par fatiguer les plus endurants. C'est seulement dans un

1. Michel Miné, Rose Hubert et Yves Struillou, *Droit du licenciement des salariés protégés*, Paris, Economica, 2001.

deuxième temps que la lucidité et la vertu morale se font entendre, comme un reflux, une lente prise de conscience, une révolte contre une situation dont on n'avait mal mesuré les enjeux. Savoir dire non est une qualité qui s'exprime souvent après coup. C'est ce qu'on appelle le temps de la réflexion. La jurisprudence y donne droit, en général.

Mais ce n'est pas systématique. Certains procès aboutissent au contraire à une décision très contrariante pour le licencié. Le syndicaliste Marc Costes, qui avait accepté 1 million de francs, ne s'attendait pas du tout à ce que son ex-employeur cherche à récupérer l'argent qu'il lui avait versé en échange de son licenciement. Chose inattendue, en effet, quelque temps après avoir quitté ses fonctions, alors que Marc Costes venait de créer une petite entreprise de conseil pour les laboratoires pharmaceutiques désireux d'étendre leur marché en Afrique, il s'est vu attaquer en justice par son ex-employeur réclamant le remboursement du million. Motif invoqué : cette somme avait été définie, selon l'employeur, en prévision des répercussions sociales et financières de la perte d'emploi, et non pour l'aider à monter sa propre entreprise... De procédures en procédures, la Cour de cassation trancha le litige en juillet 2002, obligeant le malheureux délégué à rendre le million de francs en arguant de la « nullité absolue d'ordre public de la transaction de licenciement » du fait que la loi ne protège pas seulement le salarié licencié, « mais aussi l'ensemble des salariés » dont les intérêts sont représentés par le mandat confié au délégué. Autrement dit, le syndicaliste n'avait pas le droit de vendre son mandat car il ne lui appartenait pas, il était le bien des salariés. La leçon est assez claire : mieux vaut prendre la bonne décision au moment où la transaction est proposée. « Ou ne pas se placer en concurrent de son ex-employeur et rester discret, comme mes deux collègues qui, eux, ont gardé leur pactole sans être inquiétés par le laboratoire ! » conclut Marc Costes.

À Arcueil, du côté du siège de l'entreprise qui a récupéré l'argent, personne ne se souvient de cette affaire.

Les syndicats et la fusion GDF-Suez

Tous les syndicats ouvriers ont tonné contre la fusion Gaz de France-Suez. Du moins la teneur des discours a-t-elle laissé entendre clairement une opposition farouche à la privatisation de cette grande entreprise publique, l'une des dernières. Qui plus est, offrir au privé une ressource naturelle apparaît comme un scandale en soi. Les syndicats évitent soigneusement de rappeler que dans le débat sur les autres ressources naturelles, l'eau en particulier, ils brillent par leur absence, se gardant étrangement de défendre un retour en régie publique. D'ailleurs, comme nous allons le voir immédiatement à propos de leur position sur la fusion GDF-Suez, les choses se révèlent beaucoup plus compliquées...

Nicolas Sarkozy a réaffirmé au début du mois de septembre 2007 que Suez « devra se recentrer sur ses activités énergétiques ». En clair : céder la partie environnement. Mais à qui donc ? Peu d'observateurs ont posé la question, pourtant centrale pour qui veut comprendre les dessous de l'opération. Il y a déjà un moment que Veolia est dans les *starting-blocks* pour cette option, arrangée depuis un moment entre Nicolas Sarkozy et Henri Proglio, P-DG de Veolia, ancien proche de Chirac, devenu très proche de Sarkozy au cours de sa campagne présidentielle.

Comment a-t-on prévu, du côté de Veolia, de financer l'acquisition de Suez Environnement ? L'affaire représente un enjeu titanesque, essentiellement composé de marchés publics et d'usagers captifs. Pour réunir une partie des fonds nécessaires à l'opération, Veolia a prévu de vendre Veolia Transports... qui détient la SNCM (Société nationale corse maritime). Analysons quelques détails qui valent le détour. Les mécanos de la Générale, comme les appellent les observateurs les plus attentifs, n'ont pas attendu pour se mettre au travail : ils ont peaufiné ce plan avec les élus syndicaux concernés par la cession de la SNCM. Certains militants syndicaux se sont aussitôt positionnées auprès de la direction de Veolia pour embarquer dans la première charrette de 400 salariés. Pourquoi cet empressement alors que l'heure est plutôt à la guerre ouverte ? Beaucoup espèrent que la charrette sera négociée avantageusement dans ce cadre. Le phénomène est devenu banal dans de nombreux autres groupes : en passant de tels accords, les syndicats estiment défendre les intérêts des salariés qui attendent de leur licenciement négocié des indemnités plus substantielles. On peut comprendre le raisonnement des volontaires au départ et celui des syndicats qui les soutiennent. Mais, là encore, le résultat est de faire partir des syndicalistes qui étaient précieux dans les luttes et de faire prédominer un esprit qui affaiblit le syndicalisme.

Mais nous relevons une autre curiosité : alors que la CGT de Gaz de France et la Confédération elle-même désapprouvaient ce projet de fusion dans l'intérêt des salariés des deux sociétés, le comité central d'entreprise (CCE) de Suez, dont la CGT est l'acteur principal, achetait une page de publicité dans le supplément économique du *Figaro* du 15 juin 2006 pour soutenir cette fusion. Le représentant syndical CGT du CCE de Suez, Jean-Jacques Salane, est lui-même l'un des quatorze administrateurs de Suez au titre des 2 000 actions Suez qu'il détient personnellement...

CHAPITRE VI

De véritables saignées

Manipulations, évictions des syndicalistes jugés trop scrupuleux ou trop actifs, licenciements arrangés... Ces pratiques effarantes ne correspondent guère à ce que l'on attend de responsables syndicaux. Elles sont même si choquantes que nous aimerions nous convaincre qu'il s'agit seulement de dérives locales et non d'un chancre qui menace la vie syndicale de notre pays. Pourtant, les confessions d'ex-responsables de l'UIMM, d'employeurs, les confidences de délégués du secteur de la métallurgie, les témoignages recueillis dans le secteur du nettoyage à tous les niveaux de la hiérarchie syndicale, les méthodes constatées dans des groupes industriels d'autres secteurs comme l'énergie ou le médicament mettent en évidence l'ampleur du mal. Certes, dans chacun des groupes industriels, nombreux sont les militants syndicaux révoltés qui se battent quotidiennement, mais l'étendue des dégâts est manifeste.

Si nous nous interrogeons sur l'attitude des fédérations face à ces dérives qui semblent devenir systématiques, les témoignages, il faut bien le souligner, montrent que chaque fois qu'un syndicat vit une crise interne dans une entreprise ou un groupe industriel, la fédération finit par intervenir en faveur des syndicalistes qui sont le plus favorables aux employeurs, quitte à écarter purement et simplement les délégués qui dénoncent les liaisons dangereuses ou refusent de s'y plier. Est-ce là un effet trompeur dû au hasard des témoignages qui nous sont parvenus jusqu'à présent, ou bien s'agit-il du redoutable symptôme révélant que le syndicalisme est en train de passer sous la tutelle des financements inavouables ? Les exemples glanés soulèvent de sérieuses questions qui croisent les remarques suspicieuses que de nombreux militants nous confient concernant les orientations de leur fédération et même de leur syndicat.

Ces questions sont graves et convergent toutes vers la même interrogation : le recentrage politique des directions syndicales depuis les années 1980 – recentrage qui porte des observateurs à parler de « syndicalisme néolibéral » – n'est-il pas lui-même la traduction, à l'échelle nationale et idéologique, de cette allégeance économique qui n'ose pas s'avouer ? De nombreux militants se posent en effet cette question, tout en ressentant un malaise, notamment par crainte de nuire au syndicalisme tout entier. L'inflexion historique du discours des confédérations dominantes, que les spécialistes s'expliquent encore très mal et se refusent à réduire au simple

« recul des idéologies » et à l'argument de la compétition internationale, permet aux confédérations de « justifier » leurs attitudes apaisantes face aux conflits qui se sont multipliés durant les trois dernières décennies. Attitudes qui leur ont d'ailleurs coûté très cher en adhérents. Gardons-nous, là aussi, de nous précipiter, mais avant de repartir sur le terrain des entreprises, relatons à ce propos quelques événements qui forment une chronologie embarrassante, méconnue du grand public mais présente à l'esprit des syndicalistes qui nous expriment leurs soupçons. Commençons par la CFDT.

Politique de « recentrage »

La chasse massive aux « moutons noirs », ces syndicalistes que la confédération jugeait trop actifs et qualifiait d'« incontrôlables », a commencé en 1984, lorsque les employés de la Poste se sont lancés dans une grève illimitée. La confédération a voulu la stopper, la base n'a pas obéi. Edmond Maire, qui dirigeait alors la CFDT, s'est raidi. De façon plus inattendue, stupéfiant les militants syndicaux, il a envoyé ses « fidèles » dégager les places fortes. Les vieux syndicalistes postiers de la CFDT, qui avaient donné des dizaines d'années de ferveur et d'énergie à la vie de leur organisation, se sont vus repoussés physiquement des locaux qu'ils occupaient à Paris et ailleurs par des permanents qui obéissaient à la nouvelle ligne. « Nous étions sidérés de voir notre propre confédération nous trahir et le faire avec cette violence inexplicable. Après des journées de larmes, il a fallu faire un choix : rester ou partir. Certains, parmi les plus actifs, ont voulu rester, ils n'ont pas tenu longtemps : ils ont dû quitter la CFDT ou ils se sont fait exclure », nous raconte Annick Coupé, leader et porte-parole de Sud-Solidaires, l'un des syndicats qui sont nés de ces départs massifs [1]. « C'était juste un début, d'autres mouvements de grève ont suivi, là et ailleurs, et à chaque fois l'attitude des leaders a été la même. Les militants quittaient la centrale par milliers. C'était en effet un vrai "recentrage". Avec Nicole Notat qui a succédé à Edmond Marie aux commandes de la CFDT, les cohortes de syndicalistes déboussolés ont continué à dériver vers ce qu'on a appelé le "groupe des dix", cette nébuleuse où s'agrégeaient les déçus. On a essayé d'inventer une manière plus démocratique de faire du syndicalisme, de se mobiliser dans les entreprises sans se laisser piquer le pouvoir par une bureaucratie obéissant à des stratégies mystérieuses. »

D'autres événements douloureux du même ordre illustrèrent la politique de « recentrage » lancée par Edmond Maire dans les dernières années de son mandat, puis développée par Nicole Notat tout au long des années 1980 et 1990. Dès son arrivée, François Chérèque provoquait au sein de la CFDT une hémorragie

1. Entretien avec les auteurs, septembre 2007.

soudaine de plusieurs dizaines de milliers de militants [1]. Signant des réformes impopulaires en enfilade, et cela avec une rapidité étonnant les leaders des autres confédérations, sans même chercher à tirer profit d'un minimum de concertation avec eux, il provoqua d'énormes retentissements en interne. Les séismes (la perte des adhésions et la vigueur des débats qui s'ensuivirent) se firent sentir dès les premiers mois de sa prise de fonction, lorsqu'il apposa sa signature sur le projet de réforme des retraites de François Fillon, sans même consulter le comité exécutif de la CFDT, du jamais vu. Son attitude est apparue à de nombreux militants de la confédération comme « trop difficile à avaler ». L'onde de choc fissurait les troupes CFDT de nombreux groupes industriels, qui n'étaient pourtant pas connues pour craquer facilement. Cris et stupeurs, déchirements et départs touchèrent toutes les branches de l'organisation. Ceux qui, en désaccord, préférèrent toutefois rester avec l'intention de résister de l'intérieur furent réduits au silence ou, pour la plupart, exclus. Après avoir bataillé durant de longs mois pour les empêcher de redéfinir ses choix, François Chérèque se félicita ouvertement de sa victoire, reprenant haut et fort le refrain des « moutons noirs » qu'Edmond Maire avait initié au sein du syndicat et que Nicole Notat avait repris.

1. Aurore Gorius et Michael Moreau, *La CFDT ou la Volonté de signer*, Paris, Hachette, 2006.

Déjà, en 1996, l'approbation de la réforme Juppé de l'assurance-maladie avait élargi des lignes de faille ouvertes dans les années 1980. Le « recentrage » apparaissant de plus en plus comme une « dérive libérale » aux yeux de nombreux militants, ces derniers démissionnaient en masse. Une grande partie d'entre eux rejoignirent les rangs de Sud, de l'UNSA et de la CGT. À la CGE, par exemple, où la CFDT passait pour un modèle de solidité, le délégué syndical central, Albert Dupont, dénonça vertement l'attitude de son syndicat et en démissionna. De nombreux cédétistes le suivirent. Les observateurs parlèrent d'un véritable « hara-kiri » des dirigeants les plus actifs de la CFDT locale. Une nouvelle équipe prenait leur place en 1998. Changement de personne, changement d'orientation, changement d'actions, cette nouvelle équipe se montra très favorable à la politique de restructuration lancée par le nouveau P-DG du groupe, Jean-Marie Messier, lequel réduisit drastiquement les instances représentatives du personnel et, corrélativement, le nombre de représentants des salariés et d'élus. Le mandat de centaines de syndicalistes fut rayé d'un coup de crayon. Le 2 avril 2000, les restructurations initiées par celui que la presse surnommerait bientôt J4M (Jean-Marie Messier maître du monde) furent approuvées par toutes les organisations syndicales, sauf FO. Ce large accord des syndicats, que d'aucuns nomment « l'accord de destruction », resterait une énigme aux yeux des salariés. Aujourd'hui encore, nous ne parvenons pas, même à distance, à comprendre comment le P-DG a pu obtenir une telle adhésion des organisations.

Des salariés attirent notre attention sur le fait que le nouveau secrétaire CFDT occupa plus tard un poste de DRH ; ils s'interrogent naturellement sur la possibilité d'un lien de cause à effet. Il faut dire que la fonction leur paraît traditionnellement éloignée de la vocation syndicale. On peut certes comprendre que son soutien inconditionnel au P-DG ait fait naître des suspicions et que ces dernières se soient renforcées à l'occasion de semblable promotion, mais il convient de rappeler tout d'abord que rien n'interdit à un syndicaliste CFDT d'épouser la cause d'un dirigeant sur la sellette, même si l'étonnement reste légitime et, en la matière, assez compréhensible. Il est d'ailleurs tout aussi étonnant que les responsables nationaux des autres syndicats, hormis ceux de FO, aient manifesté un tel soutien envers le P-DG, lequel resta indéfectible alors même qu'il était évident que Jean-Marie Messier avait mis en péril le groupe par ses opérations financières aventureuses et dissimulatrices.

Interrogeons-nous sur les intentions de la direction et sur ses méthodes, en particulier l'utilisation de la promotion comme instrument de la paix sociale. Instrument qui, d'ailleurs, est un vieux stratagème qui fonctionne à merveille dans toutes les grandes entreprises, tant sont nombreux les salariés qui, par déficit de reconnaissance professionnelle ou simple opportunisme, s'y montrent sensibles.

Un autre départ

Sylvie Delabit n'hésite pas à dire tout ce qu'elle pense. Cela lui a valu de graves déboires. Secrétaire dans le même groupe privé, syndiquée à la CFDT, elle militait pour l'égalité des droits et la défense des salariés depuis les années 1980. Assumant plusieurs niveaux de responsabilité syndicale, elle avait accédé en 1992 au titre de déléguée syndicale nationale permanente. Un poste enviable et envié. Sa réputation de dévouement, sa gentillesse et sa compétence lui assuraient jusqu'alors le respect de ses pairs.

« La carotte et le bâton sont les deux instruments de base que les employeurs dissimulent souvent derrière les apparences du dialogue social et de la négociation », explique-t-elle. Son histoire en offre un témoignage poignant. En décembre 1997, le nouveau délégué syndical central, André Maestracci, et le secrétaire de la région parisienne, Michel Jaffelin, avaient sollicité auprès de la DRH la nomination de Sylvie Delabit au grade de secrétaire administrative en des termes plutôt élogieux. En voici un extrait : « Elle a pu, par ses qualités relationnelles, s'adapter aux permanents qui se sont succédé (M. Cabaret, J.-M. Ebia, E. Caset-Carricaburu, A. Dupond et désormais M. Jaffelin et A. Maestracci) et même contribuer efficacement à leur intégration puisque chacun a pu s'appuyer sur sa connaissance des dossiers, des procédures et des réseaux militants. Enfin, elle participe activement à la convivialité – indispensable pour une organisation syndicale – en accueillant dans les meilleures conditions militants de province, adhérents et interlocuteurs divers de la CFDT. »

Un mois plus tard, revirement total... « Suite à la signature par la CFDT de l'accord sur la réduction du temps de travail des 35 heures qui a déclenché des mouvements de grève d'une grande partie du personnel, les dirigeants du syndicat ont eu beaucoup de mal à assumer cette position. Quant à moi, j'étais contre cette signature et leurs positions syndicales. De même, les relations entretenues avec la direction devenaient pour moi inacceptables au regard de ma conception du syndicalisme. Alors, ils se sont mis en tête de se débarrasser de moi. Je suis subitement devenue "inutile", on ne me donnait plus aucun travail à faire, aucune information (...). Ils ne dialoguaient plus avec moi, les portes communicantes des bureaux autrefois ouvertes se sont fermées, j'étais condamnée à l'isolement total ! Tout cela sans me faire directement de reproche, pour éviter un scandale qui aurait été malvenu dans cette période chahutée. »

Sylvie Delabit poursuit : « Ce traitement a duré quatre mois, puis les responsables CFDT ont trouvé l'occasion de me remplacer. Leur signature et leur politique syndicale les ont conduits à un fiasco aux élections du comité d'établissement et des délégués du personnel en mai 1998. Résultat, moins d'heures de délégation pour la CFDT. Le coup était dur, mais en même temps il leur fournissait l'occasion de mener à bien leur projet de m'évincer sans faire de vagues. Les responsables de la CFDT ont convoqué un conseil syndical début juillet (sans même m'y inviter), et ils ont réussi à convaincre les membres du conseil présents ce jour-là de la nécessité de réduire la moitié de mon poste de secrétaire au profit d'heures de délégation syndicale, compte tenu des mauvais résultats aux élections professionnelles. » C'est seulement trois semaines plus tard, à leur retour de congés, qu'ils en informèrent la secrétaire en la plaçant au pied du mur : « Ils m'ont mise en demeure d'accepter cette proposition ou de renoncer purement et simplement à mon travail au sein du syndicat ! »

Révoltée, elle s'est d'abord interdit de répondre, puis elle a craqué psychologiquement. « Le stress prolongé lié à cette situation et cette façon malsaine de me pousser vers la sortie m'ont fragilisée et se sont traduits par un sérieux contrecoup moral. Le médecin s'est inquiété de mon état, il m'a prescrit du repos. » Délicats, les responsables syndicauts l'ont relancée pendant son arrêt maladie : « Ils m'ont précisé que, comme ils devaient rencontrer prochainement la direction pour "renégocier le calcul de leurs heures syndicales", une réponse de ma part leur permettrait de traiter la "totalité du problème". Sous l'effet de toute cette pression, j'ai finalement opté pour le mi-temps. Pour "accélérer les choses", disaient-ils, ils ont écrit à ma place à la DRH pour lui signifier que je souhaitais "reprendre une activité professionnelle à mi-temps". Mais dans leur courrier à la DRH, ils ont apporté une précision qui m'a interloquée : ils écrivaient que les heures correspondant à ce mi-temps seraient remplacées “par des fonctions similaires aux miennes” réparties entre les établissements Banlieue de Paris et Siège de l’entreprise ! Il n’avait donc jamais été question de récupérer mon temps pour des heures de délégation syndicale, mais de me remplacer purement et simplement bien qu’ils m’aient soutenu le contraire ! C’est comme ça que 60 % de mon mi-temps a été octroyé à un monsieur qui a été détaché comme permanent à temps plein en qualité de secrétaire CFDT au siège de la direction. Ensuite, ils m’ont évincée totalement du syndicat. J’étais écœurée. »

Mais la salariée va plus loin au sujet du permanent syndical : « Des choses m’ont surprise : il se faisait payer des heures supplémentaires fictives. C’était à l’époque où il venait d’ouvrir un centre équestre personnel ; je l’ai appris parce qu’il en parlait au téléphone et qu’il se souciait de sa publicité. Plus tard, il a été condamné pour avoir agressé physiquement le secrétaire général de FO-Veolia, qui était l’un des rares à critiquer la mollesse des syndicats. Tout ça me paraît incroyable quand j’y repense. »

Pour Sylvie Delabit, la situation n’allait pas s’améliorer. « M. Maestracci, qui était alors le délégué syndical central, m’avait affirmé que tant qu’il assurerait cette fonction il me garderait comme secrétaire du syndicat et devait même renégocier mon poste à plein temps. Sauf qu’il ne me donnait quasiment plus de travail, ne renégociait pas mon plein temps et que, bizarrement, quelques mois plus tard, le délégué syndical central devenait M. Chétritt... Lequel était pourtant connu dans son travail pour son attitude plutôt discrète sur le plan syndical. J'ai fini par leur donner ma démission en soulignant que je ne pouvais plus rester dans une organisation syndicale devenue une simple courroie de transmission de la direction. »

Ils auraient pu s'en satisfaire. Mais quand la direction les a avertis que la secrétaire s'engageait auprès du syndicat FO, lequel prenait, depuis 1998, des positions courageuses dans un contexte très difficile face aux restructurations lancées par le nouveau P-DG, ils ont déchanté : « En fait, ils ont été pris de panique parce qu'ils pensaient que j'avais en ma possession des documents compromettants, comme en témoigne un courrier d'un délégué CFDT à la DRH : “Nous émettons toute réserve quant à la diffusion, hors notre fait, de documents internes CFDT.” » Ce courrier syndical ne serait d'ailleurs pas le dernier : devant les tracts de FO disposant d'informations lui permettant de mettre en cause la CFDT, les cédétistes appelleraient littéralement la direction à intervenir auprès de la secrétaire pour l'encadrer. Ils iraient jusqu'à la dénoncer pour avoir utilisé son ordinateur personnel pour faire circuler des tracts de FO ! « Si j'adressais les tracts FO avec ma propre messagerie, c'est que le syndicat FO n'en disposait pas, contrairement aux autres organisations syndicales, et la CFDT le savait très bien. »

Les démarches des cédétistes auprès des dirigeants semblent avoir eu de l'effet. « La direction du groupe, après un véritable tir de barrage contre des militants honnêtes, après avoir multiplié les procédures juridiques contre les délégués FO, après avoir employé des vigiles pour empêcher la délégation FO d'avoir accès aux locaux où se tenaient les réunions de négociations avec les autres syndicats, et après avoir initié des actes discriminatoires flagrants, a pu néanmoins obtenir notre licenciement contre l'avis des inspecteurs du travail plusieurs fois répété : pour cela, ils sont passés par-dessus les inspecteurs du travail et ils ont sollicité directement le ministre du Travail, Gérard Larcher. J'en ai ressenti une profonde injustice. J'étais tellement écœurée que je n'ai pas pu retenir mes larmes. Quel syndicalisme veut-on exactement ? Le courage des militants FO était ainsi sacrifié sur l'autel de ce que de ce que les intéressés appellent très hypocritement un “dialogue social”. Nous qui avons, sans compter, fourni un travail exceptionnel, sans beaucoup de moyens, seuls contre tous, nous qui étions encore présents au bureau après 20 heures, voire 22 heures, nous passions même les week-ends à organiser la défense des salariés, à rédiger des courriers, à diffuser des infos et tout ça au détriment de notre vie familiale, la direction osait nous licencier contre l'avis de l'Inspection du travail ! Quelle honte lorsqu'on sait que cette même direction, pendant des années, n'a pas hésité à verser de fortes sommes d'argent, sans aucun justificatif, à des représentants du personnel, faits que notre secrétaire général a fermement dénoncés à l'occasion de différentes réunions, par plusieurs courriers auprès de la direction nationale qui, en la matière, a fait preuve d'un mutisme total ! » Les larmes lui montent encore aux yeux.

Malgré toutes les épreuves et un immense sentiment d'injustice, Sylvie Delabit défend ses choix avec opiniâtreté : « Je ne regrette pas mon engagement auprès de militants qui m'ont rendu ma fierté. J'espère simplement que notre dignité sera restaurée et que justice sera faite. »

Une longue bataille de procédures a suivi, malgré la position du ministre. L'autorité judiciaire a systématiquement débouté l'employeur de ses prétentions et donné gain de cause aux délégués nationaux licenciés.

Chapitre VII

Les caisses de la formation professionnelle

Aussi étrange que cela puisse paraître, aucun des syndicalistes que nous approchons ne nous reproche notre curiosité. Bien au contraire. Même ceux que nous mettons sur le grill pour leur attitude passive ou pour leur acharnement contre les militants jugés trop actifs semblent résolus à affronter nos questions. Tout se passe au fond comme si chacun reconnaissait la réalité des phénomènes. Ceux qui nient avoir cédé aux faveurs des directions d'entreprise en échange de leur passivité le font avec des arguments qui, d'une manière ou d'une autre, confirment l'existence des pratiques douteuses. « Je ne vois pas pourquoi je devrais me reprocher d'accepter les cadeaux et les avantages que m'offre la direction de ma boîte depuis que je suis syndicaliste, tout le monde le fait et le faisait bien avant moi. C'est une tradition (...). On peut la critiquer, mais je ne vois pas pourquoi je devrais m'en priver alors que tous les autres le font ! » se défausse le syndicaliste d'une généreuse multinationale. Face à nos témoignages et aux documents que nous leur soumettons démontrant l'existence de financements des syndicalistes et de leurs fédérations par des biais divers, dont les publicités grassement payées dans la presse syndicale alors que les retombées commerciales ne les justifient pas, une réponse revient comme un leitmotiv : « Il faut voir la vérité en face : cela pose le problème du financement des syndicats aujourd'hui », nous dit l'un. « Nous n'avons plus assez d'adhérents pour nous permettre de tenir », dit un autre. Quand nous évoquons les caisses de la formation continue, normalement contrôlées par les syndicats, mais que des témoins qualifient de sources de détournement, d'aucuns s'empressent d'alimenter cette piste, trop heureux de nous voir nous éloigner de leur propre foyer d'activité.

« L'activité de formation continue et son financement se caractérisent par une grande opacité. » Cette observation de Michel Bouvard, rapporteur pour la Cour des comptes en avril 2007 sur la formation continue dans les universités, présente le fond du problème en quelques mots. L'opacité, encore elle, rend presque tout possible. D'autant qu'elle concerne, précise le rapporteur, « l'activité de formation continue, ses publics, son coût, son financement et ses résultats ». Les instances dirigeantes des universités, dans lesquelles siègent notamment les syndicats d'enseignants et les syndicats d'étudiants, ne semblent guère s'émouvoir de cette critique. Pourtant, la charge de la Cour des comptes est sévère. Elle dénonce non seulement le fait que les universités ne consacrent pas à la formation continue ou professionnelle l'argent qu'elles touchent à ce titre, mais aussi le flou qui ne permet pas de savoir à quel poste de dépense il est réellement affecté. Cette mystérieuse canalisation de l'argent ne milite pas en faveur de l'image des directions universitaires, ni des syndicats censés décider collégialement des attributions. Autre surprise : la Cour des comptes nous apprend qu'en 2004 les universités auraient perçu 207 millions d'euros de recettes au titre de cette activité et qu'elles déclareraient une grande partie des gens en formation continue comme s'il s'agissait d'étudiants en formation initiale, afin d'obtenir des subventions d'État plus importantes.

Au-delà des universités, la trésorerie de la formation syndicale proprement dite atteindrait plus de 170 millions d'euros pour les confédérations. C'est beaucoup, même si l'on peut relativiser cette somme en la rapportant aux 25 milliards d'euros réunis chaque année en France à destination de la formation professionnelle dans sa totalité, fonds alimentés par des prélèvements sur les salaires[1] dans l'ensemble des entreprises françaises et gérés également par les organisations syndicales.

1. De 0,25 % de la masse salariale pour les entreprises de moins de dix salariés à 1,5 % pour les autres.

L'allégeance des centres de formation

Chaque branche professionnelle (agroalimentaire, chimie, commerce, métallurgie, etc.) possède son organisme agréé collecteur de taxes : Agefos PME, Fongecif, Opcareg... On en compte une centaine, lesquels sont gérés de façon paritaire par les syndicats patronaux et les syndicats de salariés. Cette gestion paritaire favorise-t-elle le contrôle mutuel de l'emploi de cet argent par les partenaires sociaux ? En principe, oui. D'ailleurs, on s'attendrait à entendre de temps en temps quelque cri marquant des désaccords, ... Mais non, aussi étonnant que cela puisse paraître, les partenaires sociaux semblent aspirer à la concorde et ne souffrir d'aucun conflit. Chacun d'eux choisit ses centres formateurs en fonction de sa sensibilité et décide de l'orientation des formations, de leur contenu, du nombre réel des stagiaires... L'existence de ces centres est organiquement liée au syndicat qui fait appel à leur service, dès leur création. Et l'allégeance est complète.

« Pour récupérer en partie l'argent de la formation professionnelle, on s'arrange avec ces centres formateurs qui surfacturent leurs prestations – ou facturent carrément des formations fictives – et l'on reverse ensuite discrètement aux syndicats une partie des bénéfices indus », nous explique un témoin direct. D'anciens responsables de centres de formation évoquent une pratique consistant à remplir des listes de stagiaires avec les noms de personnes qui ne sauront jamais qu'elles ont officiellement participé à ces formations. « Il arrive aussi qu'on alourdisse sur le papier le nombre d'heures de stage, de salles louées ou d'intervenants (...). L'argent revient ainsi en partie dans les caisses syndicales ou sous la forme d'indemnités versées aux permanents qui sont censés avoir effectué les heures de formation. »

Les contrôles, qui devraient être opérés par les Directions départementales du travail et l'Urssaf, sont quasi inexistants. Le groupe national de contrôle de la formation professionnelle, qui dépend du ministère du Travail, avoue son impuissance à examiner de près les affectations des fonds collectés par les organismes collecteurs. « Cela revient à contrôler les organisations professionnelles ou syndicales, d'où une dimension politique », déclarait avec embarras un responsable du groupe de contrôle devant une commission d'enquête de l'Assemblée nationale en 1999. Huit ans plus tard, dans un rapport remis en 2007, la Cour des comptes montrait plus d'assurance : « Rares sont les organisations professionnelles qui présentent de véritables justificatifs, même plus ou moins détaillés, correspondant à des services effectivement rendus. » Voilà qui a le mérite d'être beaucoup plus clair.

À eux seuls, les crédits pour la formation des conseillers prud'homaux (dont l'affectation réelle est aussi très opaque) se montaient à 33,2 millions d'euros pour l'année 2006. Des témoignages de cadres de centres de formation, qui parlent avec la liberté qu'autorisent leurs responsabilités passées, forcément relative mais instructive, permettent d'affirmer que plus de la moitié de la somme s'évapore pour se diriger vers d'autres destinations.

Un exemple à la CGT

Le budget annuel de la formation prud'homale pour la seule CGT correspondait, au tournant de l'année 2004, à environ 10 000 à 18 000 journées de formation à 200 euros la journée, soit une somme totale se situant entre 2 et 3,6 millions d'euros. Jean-Claude Lam, qui appartenait à la fédération CGT de la métallurgie avant 1988, puis qui est devenu le directeur, entre 1988 et 2004, de Prudis-CGT, l'institut spécialisé de formation des conseillers prud'homaux salariés qui travaille avec la CGT, a bien voulu répondre à nos questions.

Nous lui demandons de nous éclairer sur l'utilisation des fonds versés aux syndicats pour la formation dont on nous a dit qu'ils ne sont pas entièrement employés à cet usage. « On peut dire qu'il y a des "faiblesses" dans ce domaine. Une partie importante – plus de la moitié – est utilisée à d'autres fins [1] », reconnaît-il. C'est énorme ! Comment ce transfert vers d'autres destinations est-il présenté aux responsables syndicaux ? « En interne, l'argument de la CGT est que la formation juridique est moins prioritaire que la lutte pour les revendications. »

---

1. Entretien avec les auteurs, décembre 2007.

Mais Jean-Claude Lam apporte des précisions : « Il faut expliquer qu'au regard des prix habituels sur le marché de la formation [les universités par exemple], la subvention publique allouée à la formation de magistrats est modeste. Cela dit, la logistique [moyens humains et matériels] de la formation prud'homale est telle que cette aide peut s'avérer plus que suffisante pour réaliser des formations en qualité et quantité appréciables. » Nous avons pu vérifier en effet que les frais de fonctionnement des instituts sont en réalité très faibles. « Pour cette raison, poursuit l'ex-directeur, il existe un différentiel entre le coût apparent [la dépense en trésorerie] et le coût comptable réel et l'on peut dire sans risque de se tromper, ni se livrer à des dénonciations calomnieuses, qu'une grande part de la subvention [le différentiel, très supérieur à 50 %] va se fondre dans les finances globales du mouvement. »

À ce stade, nul ne pourra nous donner des chiffres plus précis. Jean-Claude Lam souligne au passage les effets de ce financement sur le dos de la formation : « La tentation a pu ou peut être grande (même si la démarche est politiquement absurde) de fabriquer des stages au rabais ou de "vrais-faux" stages de formation. Tout cela d'autant que le "réservoir" de la demande est limité, d'une part par le caractère facultatif de la formation des conseillers prud'homaux (à titre personnel, je l'ai toujours déploré), et par leurs contraintes socioprofessionnelles, et d'autre part parce que le dispositif légal limite à un maximum de 36 le nombre de jours de formation par conseiller sur la durée de son mandat. »

Il nous explique que le montant des subventions publiques liées à la formation prud'homale est faible par rapport au coût de l'heure de formation dans le privé, mais comme les organisations syndicales utilisent souvent des bénévoles et parviennent à réduire les coûts, le bénéfice est d'autant plus évident. Et il enfonce le clou : « Tout cela montre une certaine connivence de fait entre les syndicats, les patrons et les pouvoirs publics qui, en dehors des discours de façade, ne voient guère d'intérêt à dénoncer ces pratiques. Encore faut-il souligner que le plus grand bénéficiaire du système est l'État qui s'acquitte à bon compte de son devoir de former ses magistrats, seraient-ils les conseillers prud'homaux. »

Sait-on exactement ce que devient l'argent ? Y a-t-il des enrichissements personnels ? Jean-Claude Lam, qui n'a pas de réponses, nous rappelle simplement que « la partie du financement destinée initialement à la formation ne fait pas l'objet de contrôles. Tout ce que je sais, c'est que l'argent correspondant qui n'est pas consacré à la formation va ailleurs, ce qui ne signifie pas qu'il y ait enrichissement personnel ». Il attire néanmoins notre attention sur le fait que s'il n'existe pas de contrôle de la comptabilité des organisations, il y en a un officiellement sur les dépenses publiques qui leur sont affectées. Et que « les sommes attribuées aux organisations syndicales pour la formation devraient tomber sous le coup de la loi quand elles sont employées à d'autres fins. La

Cour des comptes a rappelé cette situation dans ses rapports successifs, notamment dans celui de 2004, mais personne ne va au bout des conséquences. Le dispositif législatif existe, même s'il est imparfait. La tutelle d'État qui finance et les moyens de contrôle existent aussi. Il faut déjà que ces derniers jouent leur rôle, ce que personne parmi les organisations syndicales n'a jamais contesté, même si l'on peut suspecter çà et là de l'hypocrisie, et pour cause ».

Avant 1987, certains ont soutenu que les subventions accordées aux organisations syndicales par le ministère du Travail servaient à couvrir à hauteur de 80 % environ de faux stages, ce qui a en effet conduit la Cour des comptes à enquêter en 1984 et en 1994 ; l'enquête a confirmé que l'argent de la formation n'était pas entièrement consacré... à la formation. Selon nos sources, les mauvaises habitudes ont perduré, même si quelques-uns ont tenté de redresser la barre, heurtant plus ou moins les confédérations.

Jean-Claude Lam fait partie de ceux-là. Il nous rappelle ses propres efforts entre 1988 et 2004 : « Avec des moyens humains et matériels modestes et, de surcroît, rapidement réduits, nous nous sommes efforcés, Pascal Moussy, quelques autres et moi, à mettre en place un dispositif national de formation cohérent, notamment par la création et la réalisation d'un programme national et d'un cursus unique de formation du conseiller prud'homal. Dès lors, il fallait être orfèvre en la matière pour faire passer un faux stage et je n'ai pas eu souvent l'occasion de refuser un dossier douteux, ce que, le cas échéant, je faisais sans hésiter malgré le manque à gagner financier qui en résultait. Les unions départementales ont progressivement été acquises à l'idée qu'en organisant de vraies formations elles étaient gagnantes sur tous les tableaux. Je ne peux rien dire de ce qu'il en est aujourd'hui. »

Retour à la boîte noire, donc. À ce sujet, en dehors de ce témoin direct que nous remercions d'avoir osé nous parler publiquement, les bouches restent cousues, aussi hermétiquement fermées que la rumeur est vive à reprendre les conclusions accablantes des magistrats de la Cour des comptes.

Poursuivons notre investigation au-delà des caisses de la formation auxquelles on pourrait consacrer un livre entier. D'autres sources de financement des syndicats méritent que nous les abordions. Après les entreprises privées et publiques et après les centres de formation, les collectivités locales trouvent aussi un intérêt à soutenir matériellement les syndicats. Parmi elles, les mairies apportent leur concours. Un concours obscur à bien des égards, et qui ne manque pas d'intérêt. La jurisprudence en ce domaine est d'ailleurs en pleine évolution...

CHAPITRE VIII

Quand les mairies abritent les syndicats

Au soir du mercredi 16 novembre 2000, le ventre de Dieppe gronde, rugit comme un volcan qui menace de se réveiller. Cris et chuchotements font un brouhaha du diable dans la mairie surchauffée. Une foule énorme se presse dans les salons de l'hôtel de ville pour écouter Christian Cuvilliez, le maire. Pardon : le député-maire ! Jamais on n'a autant pris soin de décliner ses titres...

L'heure est grave et l'auditoire fébrile. Chacun guette les signes de malaise de l'élu qui se présente au micro, le visage anxieux. « Il est dans tous ses états », glisse une secrétaire à l'oreille d'une autre femme. Nul ne sait encore que son intervention inaugure un feuilleton politico-financier qui va durer jusqu'en 2006.

On peut comprendre son tourment : deux de ses conseillers viennent d'être mis en examen. Et il sait que le juge d'instruction est en train de réunir certains éléments qui le concernent directement. Pour l'heure, la justice accuse ses collaborateurs de « détournement de fonds publics » et met en cause la réalité de leur tâche officielle... L'un, William Pillon, par ailleurs responsable de la section locale de la CGT, est rémunéré au titre de « conseiller technique du maire pour les relations avec le monde du travail ». L'autre, Gilbert Louvet, secrétaire de la section dieppoise du Parti communiste, est censé occuper un poste de « conseiller technique pour les affaires sociales ». Sur les lèvres de tous les Dieppois, le terme consacré circule : « emplois fictifs »...

Visiblement éprouvé, Christian Cuvilliez reste néanmoins sarcastique. Selon lui, l'affaire est claire : « Il s'agit d'une machination. » Les proches appellent à la révolte ! Il a lui-même lancé un appel à la mobilisation. Le maire, employeur couvrant les deux emplois fictifs présumés, attend logiquement de recevoir d'un jour à l'autre le courrier du juge lui signifiant sa mise en examen.

« J'ai décidé de rendre l'affaire publique car nous n'avons rien à cacher, explique-t-il, c'est de l'acharnement. On avait déjà essayé de nous déstabiliser, Gérard Jacqueline, mon premier adjoint, et moi-même, à la suite d'un accident malheureux. Toutes ces affaires mises bout à bout m'amènent à penser qu'il y a une véritable volonté de nuire à la municipalité. » Il rappelle que cette mise en examen fait suite à une dénonciation anonyme, la lettre d'un « corbeau » ! « Une lettre quasi signée », dit-il. Comprenne qui pourra, les ennemis ne manquent pas.

Christian Cuvilliez s'échine durant deux heures à mettre à plat le fonctionnement de son cabinet pour démontrer qu'il n'y a pas de zone d'ombre ni d'illégalité à la mairie de Dieppe. Il rappelle la loi Chevènement de 1999 qui, selon lui, permet que les conseillers techniques d'un maire n'aient de comptes à rendre qu'à lui seul. « En laissant penser que mes deux collaborateurs perçoivent des salaires sans en donner contrepartie, on veut aujourd'hui nous faire passer pour des délinquants », s'indigne-t-il. Puis il souligne la moralité de ses collaborateurs : « L'un et l'autre me donnent entière satisfaction. Croyez-moi, ils travaillent bien plus que les 35 heures. Et pourtant, les policiers du SRPJ qui sont venus de Rouen pour les entendre ont tout fait pour leur faire dire le contraire. Pour leur faire dire qu'ils sont payés à ne rien faire ! » Applaudissements appuyés.

Une fois la salle apparemment conquise, le maire désigne ses adversaires politiques comme les organisateurs de la manœuvre. Cette fois, l'allusion est plus précise. Applaudissements généreux.

Détournements et emplois fictifs

Une femme qui n'applaudit jamais à ce genre de discours, c'est Brigitte Lamy, procureur de la République, qui a décidé d'ouvrir une information et a demandé au SRPJ de perquisitionner à la mairie. Le juge chargé de l'instruction du dossier, Antoine Le Vaillant de Charny, ne semble pas non plus disposé à prendre les choses avec mansuétude, ni à interpréter la loi Chevènement de la même manière que le maire. S'il n'exclut pas une motivation politique dans la lettre du « corbeau » qui a mis le feu aux poudres, il ne se montre pas prêt pour autant à réduire cette affaire à un simple coup bas venu d'un concurrent déloyal.

Il a donc entendu les deux « conseillers ». Pendant qu'il les interrogeait, les services de police perquisitionnaient dans les locaux de la mairie et saisissaient toutes sortes de documents, dont les listings du personnel municipal.

De son côté, la presse locale tonne et s'étonne. Plutôt favorable au maire, elle relaye largement la thèse d'une manipulation. « Étonnant que si emplois fictifs il y a, il ait fallu attendre douze et huit ans pour s'en rendre compte, nous explique un journaliste local. Plus étonnant encore, la date à laquelle la lettre anonyme de dénonciation est arrivée au parquet : mars... 1999. Pourquoi avoir attendu dix-huit mois avant d'ouvrir une information ? »

Pourtant, les faits incriminés, même interprétés avec complaisance, s'avèrent très problématiques. Autrement dit, on peut toujours parler de manipulation, ils soulèvent des interrogations légitimes. En dehors du maire, qui peut apporter témoignage que ses « conseillers » effectuaient vraiment leur tâche ? Et si les présomptions du juge se vérifiaient ? Est-il normal de payer sur le budget municipal des personnes qui ne travaillent pas pour la mairie, mais pour un syndicat ou un parti politique ? N'y a-t-il pas là un conflit d'intérêt qui peut nuire à leur indépendance ? Personne n'ose poser ces questions élémentaires, surtout pas les membres du comité de soutien.

Finalement, c'est le maire lui-même qui allume un contre-feu en faisant envoyer une lettre à tous ses administrés : « Quand on suggère que des salariés n'auraient pas fourni le travail pour lequel ils ont été rémunérés, c'est directement remettre en cause le principe même du fonctionnement du cabinet du maire, pour suggérer qu'il détourne les fonds de la collectivité lorsqu'il rémunère ses collaborateurs pour des fonctions qu'ils exercent dans l'intérêt général du service public. »

Dans la grande salle de l'hôtel de ville, Christian Cuvilliez évoque aussi l'autre mise en examen : celle lancée parallèlement par le magistrat contre l'union locale de la CGT, concernant des « cadeaux » qu'elle aurait reçus de la mairie, notamment le paiement de factures d'électricité ou la prise en charge de frais de fonctionnement de ses locaux installés à la Bourse du travail. Le maire met aisément les rieurs dans son camp en comparant les 7 800 francs annuels que coûte cette électricité aux 20 000 francs que la ville dépense chaque année pour entretenir les parterres de fleurs du seul palais de justice. De même, quand il raille l'attitude du juge qui aurait délibérément choisi sa cible : la CGT, « car la CFDT et FO, qui bénéficient également des avantages de la Bourse du travail, n'ont pas été mises en examen ».

L'argument du « pourquoi s'attaquer à nous puisque d'autres le font aussi » fait mouche, et l'on partage volontiers le sentiment que ces syndicats devraient être sur la sellette au côté de la CGT. Soyons clairs : les centrales sont très embarrassées quand on leur demande de nous donner des exemples d'unions départementales et régionales qui ne seraient pas « hébergées » aux frais des administrés, charges souvent comprises. Mais il n'est pas certain que tout le monde y voie une pratique acceptable au motif qu'elle se révèle étendue... De fait, le maire attire l'attention sur l'ampleur d'une méthode qui non seulement n'est pas saine pour l'indépendance des syndicalistes, mais est contestable aux yeux des citoyens, les payeurs, qui ne sont à aucun moment consultés sur l'obole et son montant. La même remarque peut être formulée lorsqu'il déclare que « les Bourses du travail sont financées depuis toujours par les villes »...

Au cours de la soirée de soutien, Christian Cuvilliez reproche aussi à la justice « son ingérence dans le monde politique ». Il en appelle à la vigilance citoyenne : « Si l'on n'y prend garde, si l'on continue dans cette voie, si l'on fait des problèmes à un maire parce qu'il distribue des subventions comme c'est aujourd'hui le cas à Canteleu, une commune de l'agglomération rouennaise, on ne pourra bientôt plus mener la politique pour laquelle on a été élu. » Canteleu ? Il y a donc d'autres communes qui connaissent les mêmes problèmes ?

Quant à la séparation des pouvoirs invoquée par Christian Cuvilliez, elle est certes un principe républicain des plus précieux pour la démocratie, mais s'agit-il bien de cela en l'affaire ? Car, précisément, la justice doit aussi réagir devant des pratiques financières condamnables, quand bien même elles concernent le monde politique. Séparation des pouvoirs n'a jamais voulu dire impunité. Et l'on ne saurait confondre une subvention en bonne et due forme avec ces procédés qui ne laissent pas apparaître clairement les charges sur le budget et ceux qui en profitent.

Le mois suivant, l'élu est mis en examen à son tour. Mais il annonce qu'il ne se rendra pas à la convocation du juge fixée au 21 décembre. Il déclare même qu'il va lancer une requête en suspicion légitime car, selon lui, la justice n'agit pas en toute impartialité. Il continue de s'adresser à ses administrés : « J'avais proposé quatre dates au juge pour m'entendre, en fonction de mes obligations, il n'en a pas tenu compte. Ce 21 décembre, je présente à la questure de l'Assemblée nationale un rapport sur les très grands équipements en France, en Europe et dans le monde. »

Le député-maire se déclare intimement blessé par les procédures lancées contre lui-même et ses collaborateurs : « Je suis le président d'un comité communal de prévention de la délinquance, aujourd'hui traité comme un délinquant alors que ce dont on nous fait grief, ce sont des actions que je mène en faveur de la cohésion sociale, donc en faveur de la prévention de la délinquance. Car mes conseillers techniques de cabinet prennent toute leur part à l'élaboration de notre politique sociale, tout comme les organisations syndicales de salariés, et notamment l'union locale CGT, participent à des missions d'utilité publique au service de la cohésion sociale. » Christian Cuvilliez estime que le fonctionnement de la ville de Dieppe est semblable à celui de bien d'autres villes, « la ville du Havre notamment qui met sept membres de son personnel municipal à la disposition de la maison des associations, et pourtant M. Rufenacht n'est pas mis en examen ».

Dans la foulée, il évoque « la menace qui pèse sur toutes les associations ». Reste à savoir, tout de même, si un syndicat et un parti politique peuvent être ainsi comparés à de simples associations. Reste à savoir aussi si « emplois fictifs » il y a eu...

Lors de la réunion du conseil municipal suivante, un opposant s'enhardit à demander la mise en place d'une commission de contrôle des aides directes et indirectes apportées par la ville aux associations et organisations syndicales. Le député-maire s'indigne : « Votre intervention est marquée au sceau de l'insinuation (...). Elle tend à suggérer que le fonctionnement de notre municipalité n'est pas démocratique. C'est inacceptable. » Applaudissements écrasants de la salle et regards assassins vers l'insensé.

Une autre voix intervient, nettement plus consensuelle : « Monsieur le sénateur, monsieur le député, vous avez le pouvoir et le devoir d'intervenir devant le Parlement pour faire en sorte que le Code pénal soit modifié, pour qu'il ne soit plus possible d'instruire un dossier sur la base d'une dénonciation anonyme. » L'homme qui vient de prononcer ces mots sur un ton solennel est Philippe Stalin, secrétaire général de la CGT.

Rien d'étonnant à ce que CGT et Parti communiste apportent leur soutien à Christian Cuvilliez et à leurs propres représentants. En revanche, certains s'interrogent sur le fait qu'Éric Tavernier et Henri Weber, élus socialistes, approuvent aussi publiquement la politique pro-syndicale du maire. Henri Weber va plus loin encore en déclarant que rien ne s'oppose juridiquement à ce que des municipalités aident les organisations syndicales. « De nombreuses cours d'appel ont d'ailleurs reconnu ce droit et cette pratique », lance-t-il. Le propos est-il vraiment habile ? Il vient de livrer une information de taille : de nombreuses autres personnes ont donc déjà été poursuivies devant les tribunaux pour des actes similaires, autrement dit ce genre de pratique existe à une vaste échelle. Mais les juges ont décidé d'y mettre fin car, n'en déplaise aux syndicats et aux partis concernés, elle déroge aux principes des finances publiques et de la transparence des versements. Autre information contenue implicitement dans la déclaration : de nombreux accusés ont dû faire appel d'une condamnation en première instance pour s'en tirer. Il est donc difficile de prétendre que l'affaire de Dieppe constitue un simple règlement de comptes tonitruant dans un contexte de traditions républicaines... D'autant que le dossier ne comporte pas seulement le volet des « détournements de fonds », mais également celui des « emplois fictifs », très embarrassant.

Après enquête, contrairement à ce que laisse entendre Henri Weber, nous constaterons que toutes les affaires de même nature n'ont pas été gagnées, et que celle-ci va d'ailleurs très mal finir pour le député-maire dieppois...

Condamnés en première instance, Christian Cuvilliez et ses deux « conseillers » font appel. En vain : le 11 juin 2003, la cour d'appel de Rouen condamne Christian Cuvilliez à un an de prison avec sursis et deux ans de privation de ses droits civiques, civils et de famille. Elle inflige également une peine de six mois de prison avec sursis à Gilbert Louvet et William Pillon. Ils saisissent la Cour de cassation qui, en octobre 2004, rejette leur pourvoi.

De plus, la justice réclame à Christian Cuvilliez et à ses « conseillers » la bagatelle de 470 000 euros au titre de dommages et intérêts pour la ville de Dieppe. Un comité de soutien est mis en place pour les payer.

En septembre 2004, la Cour de cassation apprend qu'une femme de ménage et une secrétaire payées par la municipalité assuraient des services pour le syndicat, ce qui relance le procès contre la CGT. Coup de théâtre :

pendant que les Français prennent leurs vacances d'été en 2005, juste deux mois avant la tenue de ce procès, un discret décret du ministère de l'Intérieur autorise les villes à accorder des subventions aux syndicats[1]. L'avocat de la CGT demande la relaxe en s'appuyant sur cette nouvelle autorisation. La cour estimera qu'en l'occurrence une nuance de poids s'impose : il ne s'agit pas de subventions mais de mise à disposition d'emplois. En janvier 2006, elle condamnera le syndicat à verser la somme de 103 000 euros de dommages et intérêts à la commune, et 1 500 euros d'amende.

Un an plus tard, au printemps 2007, la version de l'avocat de la CGT, Me François Garaud, n'a pas changé : « Le délit n'était pas constitué. Les accusés étaient de bonne foi. Il s'agissait d'une méconnaissance du droit en tant que tel. Ce qui a motivé une action juridique n'était pas tant le fait que subvention il y ait, mais surtout qu'elle soit allouée à la CGT. D'ailleurs, la facture d'électricité du curé de la ville de Dieppe était, elle aussi, réglée par ce type d'aide et personne n'y a trouvé à redire (...). C'est une chasse aux sorcières contre la municipalité d'alors, d'autres municipalités – communistes en l'occurrence – en ont fait les frais, comme pour l'affaire Pierre Golberg à Montluçon » (voir ci-dessous).

À ses yeux, il n'est pas question de pousser plus loin les procédures. « Cette affaire a trouvé son terme, la

1. Décret 2005-849, juillet 2005.

condamnation est définitive, nous ne saisirons pas les instances européennes. » Au siège local de la CGT, en revanche, on dit encore au public et aux curieux que les choses n'en resteront pas là. « On compte bien porter le dossier devant la Cour européenne de justice », nous dit la secrétaire générale.

Entre-temps, les Dieppois ont changé de maire. De forte tradition syndicaliste, la population votait majoritairement communiste depuis trente ans. Mais dans les remous du procès, en 2001, les voix se sont détournées vers Édouard Leveau, le candidat de droite qui avait eu beau jeu de demander au conseil municipal de mettre en place une instance de contrôle des soutiens apportés par la ville aux syndicats et associations.

Certains se demandent encore qui a été le « corbeau » à l'origine de cette affaire. Si la rumeur s'est calmée depuis, elle colporte encore quelques séquelles. Dans le salon d'un hôtel de Dieppe où nous sommes descendus, un responsable municipal qui a préféré garder l'anonymat nous dit : « Des noms ont circulé (...). Mais, vous savez, le corbeau, ça pouvait être beaucoup de monde. Beaucoup de gens savaient ce qui se passait, ils ne disaient rien, c'est tout. Jusqu'au jour où un type a pris le mors aux dents, peut être un type qui avait du mal à payer ses impôts locaux (...). Un ami qui s'est senti trahi, un concurrent, allez savoir ! On a mal digéré l'idée des emplois fictifs et les financements pas clairs. Ils n'auraient pas caché les choses si elles avaient été honnêtes. »

Peu importe, il est vrai, de savoir qui est le « corbeau ». D'ailleurs, l'affaire de Dieppe n'est qu'une des innombrables illustrations du problème du financement des syndicats et de leur dépendance politico-financière.

Qu'en pensent aujourd'hui les militants communistes de la ville ? Liliane Legras, responsable de la section PCF de Dieppe, conserve un vif souvenir de l'affaire : « On pense toujours la même chose sur ce procès. Notre analyse n'a pas changé. Pour nous, cette histoire reste une affaire profondément injuste. C'était une machination. On a pris ça pour du harcèlement. La population a d'ailleurs condamné ce procès en participant très largement à la souscription qui a été lancée suite à la condamnation financière. » Mais elle ne veut pas se prononcer sur la question des emplois ni sur celle des syndicats logés par la mairie. « Monsieur Cuvilliez a fait des déclarations là-dessus. Des déclarations que nous soutenons. Je n'ai rien à ajouter sur ce qu'il a déclaré à l'époque. »

Ailleurs aussi...

D'autres affaires confirment que Dieppe n'est pas du tout un cas isolé, comme le dossier qui a été jugé au tribunal administratif de Bordeaux, le 29 septembre 2004 : l'Union départementale CGT de la Gironde, accusée d'avoir reçu des subsides illégitimes du conseil général, est passée davant la cour d'appel. Les attaques venaient du préfet lui-même et du député UDF

Daniel Picotin. À l'Union départementale CGT de la Gironde, un permanent s'indigne : « Notre syndicat a été condamné à restituer les sommes reçues, mais c'est injuste car cet argent servait à payer les syndicalistes qui font office de conseillers juridiques à titre gracieux et à les indemniser quand ils prennent des heures sur leur travail sans bénéficier de mandats. » Soit. Mais on peut aussi considérer les choses sous un autre angle et songer au fait que les organisations syndicales n'ont jamais été aussi riches qu'aujourd'hui et qu'elles n'ont jamais compté autant de permanents, que ceux-ci n'ont jamais été aussi bien rémunérés, bien que les syndicats n'aient jamais regroupé aussi peu d'adhérents...

Me François Garaud, avocat de la CGT, nous a cité l'exemple de la mairie de Montluçon : le 13 décembre 2006, après six ans de procédure, la Cour de cassation condamnait Pierre Goldberg, ancien maire de Montluçon et député PCF de l'Allier, Jean-Claude Micouraud, ancien maire de Montluçon, et Denis Planchet, ancien secrétaire général de mairie, dans le cadre d'une affaire d'emplois fictifs entre 1989 et 2000. Six mois de prison avec sursis et un an d'inéligibilité pour le député, lequel a été contraint de présenter sa démission à l'Assemblée nationale en mars 2007. Jean-Claude Micouraud et Denis Planchet ont écopé respectivement de cinq et trois mois de prison avec sursis, avec inéligibilité d'un an. Un montant de 800 900 euros de dommages et intérêts devra être versé par les deux élus à la ville de Montluçon. Le motif retenu a été la mise en place de sept emplois fictifs attribués à des militants du PCF et des syndicalistes de la CGT.

Pour leurs défenseurs et les militants qui les soutiennent, il ne fait aucun doute que ce procès obéissait à un objectif politique : permettre à la droite de s'emparer de la ville. De fait, après un siècle de gestion socialiste et communiste, en 2001, l'élection à la mairie de Montluçon a été remportée par Daniel Dugléry (Divers droite).

Autre exemple : Châteauroux, dans l'Indre. Peu après son arrivée à la tête de la mairie en 2001, Jean-Pierre Mayet (Divers droite) a décidé que la municipalité n'abriterait plus gratuitement les syndicats. Secouées, la CFDT, la CGT et FO ont fait front, refusant de s'acquitter du loyer désormais exigé. Un loyer d'ailleurs franchement dissuasif : celui de la CGT, par exemple, fut fixé à 5 000 euros mensuels. En réaction, le maire n'a pas hésité à saisir les tribunaux pour faire prononcer un arrêt d'expulsion. « Jean-Pierre Mayet fait feu de tout bois, nous explique un opposant. Il a remis en cause l'accord des 35 heures, il privatise les services publics (...). Son attaque contre les syndicats était une déclaration de guerre. Il a provoqué la colère du personnel municipal et n'a fait qu'envenimer la vie politique à Châteauroux. Nous sommes maintenant à couteaux tirés ! » Un opposant Vert de la région y voit un intérêt : « Le résultat, c'est justement que les syndicats recommencent à bouger et les Castelroussins aussi ! La seule qualité que j'accorde au maire, c'est qu'il n'a aucun sens du compromis avec les syndicats... »

Le petit jeu des soutiens municipaux aux syndicats par le moyen d'aides discrètes accordées à côté de subventions plus franches mais aux montants plus modestes, s'étend largement au-delà des villes de gauche et de la CGT. Des milliers de villes, et non des moindres, distribuent ainsi leurs faveurs, au gré des ententes et des influences locales. De même, contrairement à ce que les avocats de la confédération affirment, la CGT et les mairies communistes ne sont pas les seules à faire l'objet de dénonciations et à devoir dédommager les collectivités bienveillantes, même s'il faut reconnaître que la confédération et le PCF y sont plus souvent contraints. La formidable médiatisation du dossier de Marc Blondel et de son chauffeur payé par la mairie de Paris à l'époque du mandat RPR en offre un exemple éclatant. Le patron de Force ouvrière, sidéré qu'on l'épingle à ce sujet, n'a pu opposer au scandale que des arguments très poussifs, dont l'académique : « Pourquoi moi alors que tous les autres bénéficient d'aides similaires ? »

CHAPITRE IX

Les autres sources de financement...

Il ne se passe pas une journée sans que des informateurs n'attirent notre attention sur les nombreux autres canaux de financement des syndicats. Publicités, caisses de retraite, 1 % logement, mises à disposition... Des cadres dirigeants d'un organisme collectant un fonds d'aide à l'intégration des personnes handicapées (Agefiph) nous livrent quelques secrets sur l'emploi des subventions accordées par leur structure et certaines fuites budgétaires qui ne paraissent pas gêner les syndicats, bien au contraire...

« C'est une véritable jungle ! Une encyclopédie entière serait nécessaire pour démêler tout ça ! » nous avertissait Jean-Claude Duret qui, avant même de dénoncer la tentative de corruption dont il a fait l'objet, avait déploré auprès des instances de la CFTC des usages de fonds qui lui paraissaient anormaux. Au sein des organismes concernés, il est plus rare de dénicher des élus qui parlent. Nous tentons quand même de faire le point en pressant le pas : notre Tour de France comporte encore de belles étapes.

Des publicités sans public

Les publicités sont l'un des plus sûrs moyens permettant de canaliser l'argent vers les fédérations. Le système est simple : les entreprises diffusent des pubs dans les revues syndicales et les payent grassement. Les libertés comptables des organisations permettent des redistributions internes sans traçabilité. Le coût de ces pubs peut atteindre 100 000 euros et plus, sans que personne ne puisse expliquer leur intérêt commercial dans des revues uniquement destinées aux salariés eux-mêmes. Des salariés qui, faut-il le préciser, sont dans ladite entreprise tous les jours de la semaine et font eux-même tourner la boutique ! Une facture portée à notre connaissance atteint 120 000 euros. Le financement par la publicité se pratique dans tous les secteurs économiques.

Les pubs ont toujours été une voie princière de l'influence. Elles permettent traditionnellement d'apaiser l'imaginaire du public, de dorer le blason d'une enseigne, de la rendre plus sympathique aux consommateurs et de conditionner les actes d'achat par toutes sortes de messages inconscients. Les consommateurs obéissent de la sorte en masse à des actes d'achat consensuels qui ne doivent plus rien à la raison. L'hebdomadaire *Charlie Hebdo* résuma la chose dans les années

1970 d'une formule devenue célèbre : « La publicité rend con. » Ajoutons qu'elle y parvient avec des moyens financiers toujours plus redoutables.

Les annonceurs fabriquent aussi un autre type de consensus : celui du silence ou de la discrétion chez ceux qu'ils paient. Là encore, *Charlie Hebdo* fit preuve de lucidité et d'honnêteté en refusant de passer sous le contrôle des groupes privés diffusant des pubs, ce que *Le Canard enchaîné* a également choisi. Les grands syndicats et leur presse, en revanche, n'y ont pas résisté, ce qui est vraiment regrettable quand l'annonceur est le groupe que le syndicat est censé tenir en respect. On peut même dire que les syndicats en sont devenus les proies, lesquelles se laissent facilement approcher une fois qu'elles ont goûté à cet asservissement qui rapporte gros. Il suffit d'ouvrir n'importe quelle revue fédérale ou confédérale pour s'en apercevoir. Et comme le prix des publicités est aisément extensible, il permet de s'entendre à merveille.

Observons de près quelques victimes consentantes. La presse CGT a un penchant prononcé pour les publicités des assureurs Satec, Macif, AXA, MMA, Assurance Sport et Tourisme, pour les alcooliers Pernod-Ricard, Pastis 51 et le champagne Henri-Giraud, pour le fabricant de cigarettes Altadis, le fabricant d'armes Dassault, les opérateurs Orange et France Telecom, l'agence de tourisme Touristra, les Chèques vacances, Trigano, les distributeurs d'énergie EDF, GDF, et pour les groupes multicartes, Suez et Veolia Environnement. On y voit une fidélité certaine à la SNCF, Air France et La Poste. On trouve aussi pêle-mêle Bombardier, Siemens et d'autres. On peut concevoir sans peine que certains de ces groupes élargissent leur clientèle grâce à ces publicités réveillant chez chaque lecteur un signal d'appel avec, à la clé, un acte d'achat. Il est plus difficile de croire que des groupes qui vendent des chars, des missiles à tête nucléaire, des centrales ou des incinérateurs espèrent vendre leurs produits aux lecteurs. On retrouve d'ailleurs ces publicités dans les publications de la CFTC, plus précisément dans la revue *Le Métallo CFTC*, l'organe de la fédération de la métallurgie. Espèrent-ils élargir leur marché auprès des cadres de ce syndicat ? Les prennent-ils pour des princes saoudiens ? De même, quand une multinationale achète des pages entières dans *Hebdomadaire FO* pour y vanter les mérites de son gaz, il est peu vraisemblable qu'il tente de convertir les lecteurs. Et les compétences de l'équipe marketing de la firme ne sont sûrement pas en cause.

Qu'est-ce qui pousse donc ces entreprises à choyer les syndicats ouvriers ? La volonté de pacifier les rapports sociaux ? Pas toujours. Prenons la Satec, par exemple. Cet annonceur récurrent de la presse cégétiste est l'assureur de la célèbre CCAS d'EDF, ce comité d'entreprise où la CGT domine. Or, la Cour des comptes a épinglé la CCAS à propos de la Satec, en avril 2007. Les magistrats ont signalé en particulier que, malgré ses observations antérieures, « la CCAS n'a pas clarifié ses rapports avec le courtier qu'elle fait intervenir depuis l'origine en dehors de tout cadre contractuel et sans mise en concurrence ». Elle lui a d'ailleurs fait une injonction qui ne concerne pas seulement le courtier d'assurance : « Les organismes sociaux s'emploieront à conserver leur caractère d'exemplarité dans le cadre de ce qui n'institue pas des privilèges mais des droits, où le mieux-disant doit triompher du moins-disant. »

À la CFTC, les producteurs d'armes se distinguent en achetant de belles pages de pub dans *Le Métallo CFTC*. Faut-il croire que le prix payé pour ces publicités est rentabilisé par des lecteurs chrétiens qui rêvent d'acquérir de la technologie explosive de pointe ? À l'évidence, la vérité est ailleurs. Il ne serait pas très rationnel non plus de croire que ces pubs sont une action de philanthropie de la part de vendeurs d'armes.

Sur un autre plan et de manière plus générale, il est raisonnable de se demander si les publicités de cette nature ne nuisent pas au principe d'indépendance qui incombe aux fédérations. Contactées, plusieurs fédérations nous assurent que leur indépendance reste entière.

Du côté des revues de la CFDT, les publicités qui fleurissent dans *CFDT Magazine* sont plus choisies, surtout depuis 2004. Le poste budgétaire consacré à la publicité a connu une chute assez nette en quelques années : au début des années 2000, la note était encore de 400 000 euros (uniquement pour le siège, donc hors fédérations) ; elle n'était plus que de 190 000 euros en 2006. Les publicités qu'on y trouve aujourd'hui, moins nombreuses, peuvent en principe susciter une consommation chez certains lecteurs : on y découvre ainsi une promotion du domaine de Bierville (relais château), de Noxat Français et de diverses caisses de prévoyance. Elles peuvent être considérées comme des publicités au sens banal du terme. Notons au passage que le seul budget confédéral consultable par le public sur un site Internet est celui de la CFDT. Les informations n'offrent pas de garantie et peuvent très bien n'être qu'une opération de communication, mais il y a là incontestablement une démarche nouvelle.

L'argent pour les retraités et les personnes handicapées

« Les financements des syndicats sur les fonds des caisses de retraite ne datent pas d'hier, nous explique un inspecteur des Affaires sociales. Ce qui est nouveau, c'est que certains songent à le dénoncer. » Certaines caisses de retraite sont en effet des sources de financement discrètes. Voilà encore un secret de famille, mais on peut difficilement dire qu'il est inconscient... En tout cas, plus depuis 1999. Cette année-là, les inspecteurs de l'Igas (Inspection générale des affaires sociales) ont en effet mis les pieds dans le plat en rédigeant un rapport sur la Caisse de retraite interprofessionnelle (CRI), l'une des plus grosses caisses de retraite complémentaire du régime des salariés (Arrco). Leur enquête, menée entre février et mai 1999, évoque « tout un système de financement direct ou indirect des syndicats ». Selon les inspecteurs, le CRI aurait versé, entre 1995 et 1999, 34,3 millions de francs aux syndicats (soit plus d'1,5 million d'euros chaque année).

Les inspecteurs ont révélé que la CFDT et la CGT se partageaient 80 % de la somme, et que FO en recevait 15 %. La CFTC et la CGC ramassaient les miettes. Les versements s'effectuaient en finançant des publicités dans la presse syndicale, en payant des permanents syndicaux comme « délégués extérieurs » ou en « convention d'assistance technique », et en remboursant des frais divers...

Du côté de la caisse de retraite en question, on jure que « les choses ont été remises en ordre dans la maison ». Mais on peut s'interroger. Le rapport de l'Igas avait amené Martine Aubry, alors ministre des Affaires sociales, à suspecter que ces pratiques pouvaient n'être pas l'exclusivité de la CRI et à penser qu'il faudrait examiner de près également les autres caisses. Pourtant, les ministres qui lui ont succédé semblent avoir décidé de ne plus déranger personne dans ce secteur...

Autre source d'opérations indélicates, les subventions accordées par l'Agefiph, le fonds d'aide national pour l'intégration professionnelle des personnes handicapées et leur maintien dans l'emploi [1]. Géré par les partenaires sociaux, ce fonds est alimenté par les cotisations payées par toutes les entreprises qui ne respectent pas les quotas d'embauche de personnel handicapé [2]. Pas moins de 400 millions d'euros sont ainsi collectés chaque année (soit l'équivalent du budget de la CCAS d'EDF). La loi de 2005 multipliant les sanctions financières devrait d'ailleurs bientôt lui permettre d'engranger beaucoup plus d'argent. En principe, ce trésor est prévu pour soutenir les actions visant à favoriser l'emploi de salariés handicapés, à leur assurer des formations spécifiques, à couvrir les frais d'aménagement de postes dans les entreprises et toute action facilitant leur embauche.

Dans un premier temps, nous enquêtons auprès de structures intervenant dans ce domaine, notamment des agences de recrutement. Leurs responsables nous confirment recevoir de telles aides et travailler régulièrement avec l'Agefiph, preuve qu'une partie au moins de ses ressources est bien affectée à sa destination. Le directeur

---

1. L'Agefiph (Association de gestion du fonds pour l'insertion professionnelle des personnes handicapées) est une structure paritaire comprenant quatre collèges : salariés, employeurs, associations et personnalités qualifiées.

2. La loi du 10 juillet 1987 fixe à toute entreprise d'au moins 20 salariés une obligation d'emploi de personnes handicapées (6 % de son effectif), soit par embauche directe, soit par le biais de contrats de sous-traitance avec le milieu protégé, soit par le versement d'une contribution annuelle (contribution que la loi de 2005 sur les personnes handicapées a accrue).

d'une agence nous fait néanmoins une remarque au passage : « Vous obtiendrez peu d'informations auprès de nous dans la mesure où nous n'allons pas prendre le risque de nous griller auprès de l'Agefiph en vous disant ce qu'on sait. » Routine instructive, premières confidences *off*, nous décidons alors d'aller voir des syndicalistes connaissant bien le secteur, qui attirent notre attention sur des aspects peu reluisants...

« Ce fonds accorde des subventions aux entreprises qui déclarent mener des actions en faveur de l'intégration des personnes handicapées », dit un syndicaliste cédétiste en insistant bien sur le mot « déclarent ». Il précise : « Beaucoup d'entreprises déclarent tenir des séances pour sensibiliser leur personnel et réfléchir à des actions d'intégration, mais ne font rien du tout. Pour la forme, ils se réunissent une ou deux fois, quelques minutes, et prétendent qu'ils organisent des réunions de sensibilisation des employés ou ce genre de chose. » Nous avons bien compris : certains se sucrent gaiement avec l'argent qui devrait aider les personnes handicapées à trouver du travail. Une pratique particulièrement édifiante quand on songe que la population handicapée souffre d'une discrimination à l'embauche sans équivalent et qu'il s'agit de la population le plus gravement touchée par le chômage et l'exclusion sociale[1].

1. Nathalie Bellity vient de consacrer un livre très instructif à ce problème : *Déployer mes ailes* (Paris, First, 2008).

Du côté de l'Agefiph, on se retranche derrière un argument élémentaire : « Les moyens de contrôler les actions menées dans les entreprises nous manquent, nous n'avons pas la possibilité de vérifier dans les entreprises si les séances se passent vraiment comme les entreprises le déclarent. » En effet, l'Agefiph et ses antennes régionales n'exigent pour tout contrôle qu'une note où les entreprises déclarent le lieu et l'heure des réunions en question. Il s'agit presque d'un autocontrôle, en somme.

Certains dirigeants de l'Agefiph acceptent de livrer leur point de vue hors de tout risque de pression, c'est-à-dire sous anonymat. « Une grande partie de l'argent va vers des "conseillers techniques" pour toutes sortes de prestations qui n'ont pas grand-chose à voir avec les personnes handicapées et les questions d'intégration, nous confie un cadre de la direction. Il faut être clair : les syndicats ouvriers et patronaux absorbent beaucoup d'argent pour leur propre compte. Il nous est impossible de donner des chiffres, mais nous avons toutes les raisons de penser que ce sont des sommes très importantes (...). Et il est tout aussi clair que l'Agefiph manque d'ambition en matière d'emploi, alors que ce devrait être sa principale priorité. » Ces témoignages confirment ce que la Cour des comptes déplorait elle aussi dans un rapport de 2003. Les auteurs du rapport s'étonnent notamment de l'accumulation d'argent réalisée par l'Agefiph, qui dispose de centaines de millions d'euros non affectées aux actions en faveur des personnes handicapées, et lui reprochent les choix des actions financées et les modalités des décisions : les syndicats patronaux et de salariés « sont en position de juge et partie puisqu'ils disposent de la majorité des sièges au conseil d'administration de l'Agefiph et qu'ils sont les principaux opérateurs des actions de l'association en direction des entreprises », dans lesquelles, en bout de chaîne, on retrouve les syndicats et les employeurs. La Cour des comptes relève le laxisme de l'État et doute de la véracité du quota d'emplois que l'organisme prétend avoir réalisé (4 %). Elle estime que ce chiffre est « sujet à caution quant à sa fiabilité statistique ». Parmi les anomalies, la Cour relève des subventions dépourvues de base légale accordées aux collaborateurs des administrateurs de l'Agefiph, le financement d'actions effectuées par les organisations patronales sans justificatifs comptables, le contrôle peu rigoureux des primes d'insertion, un dispositif insuffisant d'évaluation de la pertinence des actions financées, une comptabilité hors normes... Elle pointe aussi certains déséquilibres : les entreprises du secteur du bâtiment et des travaux publics ont reçu 9 millions d'euros en 2000 alors que les contributions de ce secteur au fonds sont presque deux fois inférieures. La Cour constate l'absence de contrôle de l'État, faisant craindre que des entreprises devant normalement verser leurs pénalités y échappent. Elle note enfin que l'« absence de volontarisme des pouvoirs publics » ne constitue pas un cadre très incitatif pour l'Agefiph.

Rémi Jouan, alors président (CFDT) de l'association, avait exprimé son souhait de donner à sa structure plus de transparence et de dynamisme. Avec les effets de la mise en place de la loi de 2005 en faveur des personnes handicapées et la convention d'objectifs signée en 2008 avec le gouvernement pour l'inciter à se mobiliser, on peut espérer que l'Agefiph trouvera un second souffle au cours des prochaines années.

Mises à disposition

Des milliers de fonctionnaires bénéficient de « mises à disposition » au service des syndicats, tout en continuant d'être payés par les caisses de l'administration. Le système de mise à disposition n'est pas scandaleux en soi. En revanche, si le fait de payer les bénéficiaires sur des fonds qui ne sont pas du tout destinés à cet usage – essentiellement les fonds de l'État, des collectivités et des entreprises publiques – n'est pas contestable sur le plan juridique, il l'est du point de vue de la lisibilité citoyenne des finances publiques. Et, là encore, l'opacité permet à ceux qui ne s'embarrassent pas de scrupules d'utiliser des fonds et les mandats syndicaux à des fins qui n'ont pas grand-chose à voir avec le syndicalisme réel et qui nuisent à son image. Personne ne cherche à vérifier si leurs activités sont vraiment ou uniquement de nature syndicale. Or chacun sait qu'en l'absence d'un minimum de contrôle les dérives n'ont pas de limite. L'Ifrap (Institut français pour la recherche sur les administrations publiques) dénombre environ deux fonctionnaires sur mille qui sont mis à la disposition des organisations syndicales. Ce qui, rapporté aux 7 millions de fonctionnaires français, représenterait la bagatelle de 14 000 personnes payées par les fonds publics pour des activités qui échappent à tout cadre.

Quant à définir de façon un peu rigoureuse la manière dont on désigne une personne « mise à disposition »...

« Dans les grands hôpitaux, les mises à disposition d'employés syndicalistes sont courantes aussi », nous souffle le responsable d'une fédération FO du secteur santé. Comme l'ont noté des inspecteurs de l'Igas en 2004 dans un rapport resté confidentiel, les organismes de Sécurité sociale se prêtent eux-mêmes à cette pratique. Une ancienne inspectrice des Affaires sociales explique que, « le plus souvent, ce genre de rapport reste confidentiel sauf si l'opinion publique fait pression sur les autorités politiques pour que l'abcès soit crevé ». Or le sujet ne passionne pas les foules. Au passage, les auteurs du rapport notaient qu'une partie des « mis à disposition » provient également des entreprises privées. Dans ce cas, ce sont les entreprises qui payent. Ce qui leur permet, dans le flou qui règne en la matière, de privilégier qui elles veulent, le temps qu'elles veulent. Un tel pouvoir n'est pas vraiment de nature à inciter les syndicalistes à faire preuve d'indépendance. Dans le privé comme dans le public, ce système malsain dont les salariés risquent encore une fois de faire les frais ne devrait-il pas être assorti de solides garanties ? C'est une évidence, mais notre sens commun est mis à rude épreuve depuis le début de notre enquête.

Chapitre X

La FNSEA et le sac de blé

Les paysans, qu'ils soient employés agricoles ou propriétaires, sont-ils mieux défendus par le géant syndical qu'est la FNSEA (Fédération nationale des syndicats d'exploitants agricoles) que nous venons de passer en revue ? Cette question s'est imposée à nous à la fin de l'année 2007.

Lancés dans notre enquête sur les syndicats bien avant que n'éclate l'affaire Gautier-Sauvagnac, nous étions singulièrement préparés à mesurer ce que signifiait la découverte des caisses noires de l'UIMM. Nous étions pourtant loin d'imaginer qu'elle allait éclater au moment même où nous trouvions partout les symptômes de l'infection. Nous avons donc vécu l'éruption de ce scandale avec le sentiment que peut éprouver tout enquêteur qui, attentif au faisceau des indices convergents, voit soudain surgir sous ses yeux l'événement inespéré, l'accident miraculeux confirmant son examen.

Détournement de plus de 16 millions d'euros

Mais alors même que le feuilleton de l'UIMM venait de débuter, en décembre 2007, une autre affaire éclatait, d'une importance considérable, quoiqu'elle fût éclipsée par l'étoile Sauvagnac.

Après une longue instruction et quelques conflits avec le parquet qui ne désirait pas qu'on regarde les choses de plus près et requérait un non-lieu général, le juge parisien Henri Pons a choisi de déplaire aux autorités politiques : il estimait qu'il en savait assez pour qu'un procès se tienne et décida, le mardi 4 décembre 2007, de mettre le dossier entre les mains des tribunaux. La puissante FNSEA, premier syndicat agricole de France, allait devoir s'expliquer devant la justice.

L'enquête du juge sur le financement de l'organisation avait en effet laissé apparaître des pratiques qu'il trouvait assez graves pour justifier des accusations publiques. Une brochette de huit personnes, dont sept anciens dirigeants de la FNSEA, ont ainsi été renvoyées en correctionnelle, pour détournement d'un montant minimal de plus de 16 millions d'euros. Henri de Benoist, président de l'Assemblée générale des producteurs de blé (AGPB, principale fédération de la FNSEA) et ancien président d'Unigrains, organisme financier du secteur céréalier, est mis en cause. Luc Guyau, président de la FNSEA entre 1992 et 2004 et actuel président des chambres d'agriculture, l'est aussi pour « abus de biens sociaux, complicité et recel ». Parmi les personnes renvoyées par le juge parisien Henri Pons devant le tribunal figure également Georges Dutruc-Rosset, directeur de cabinet du ministre de l'Agriculture Philippe Vasseur en 1995.

Les 16 millions d'euros auraient été détournés d'une taxe céréalière récoltée entre 1991 et 1999 : il s'agit de la taxe de financement des actions du secteur céréalier (Fasc), versée par les céréaliers à des organismes interprofessionnels, dont Unigrains, jusqu'en 2003. L'affaire est partie d'un rapport de la Cour des comptes qui avait constaté en 1998 des irrégularités.

Plus de 19 millions de francs auraient directement atterri dans les caisses de la FNSEA, répartis ainsi : une part pour financer les salaires de permanents, 5 millions pour son bureau de représentation à Bruxelles, 1 million pour les festivités de son cinquantième anniversaire en 1996, 13 millions pour permettre à la branche élevage (CNE) de payer ses cotisations à la FNSEA... « De tels transferts de fonds sans contrepartie apparaissent manifestement contraires à l'objet social de la société Unigrains, laquelle n'a pas vocation à financer des activités syndicales », souligne l'ordonnance du juge Henri Pons.

Unigrains a également commandé des études – coût : 49 millions de francs – à des branches de la FNSEA (notamment avicoles), des rapports qualifiés de « faibles », parfois constitués de « simples comptes rendus d'actions de lobbying », le tout étant considéré par l'accusation comme une subvention de « fonctionnement courant ».

Des syndicats minoritaires comme la Coordination rurale ont porté plainte contre la FNSEA qui, si elle reconnaît les faits, affirme qu'il ne s'agit « en aucun cas » de détournement, et que l'utilisation des fonds s'est faite « selon le principe de solidarité professionnelle entre céréaliers et éleveurs ». Les syndicats plaignants rappellent que le produit de la taxe de financement des actions du secteur céréalier peut atteindre 85 à 90 millions d'euros par an. La question est désormais posée : des membres de la FNSEA et comparses ont-ils plongé leurs mains dans le sac de blé ?

Les ministères étaient au courant du mécanisme profitant à la FNSEA et l'ont toléré, avance le juge d'instruction, qui a demandé en 2005 le renvoi devant la Cour de justice de la République de plusieurs anciens ministres de l'Agriculture. Des documents saisis durant l'enquête montreraient en effet que Philippe Vasseur, Jean Glavany et Alain Lamassoure avaient été informés du système et avaient donné leur accord, le socialiste Jean Glavany ayant eu cependant l'intelligence morale de mettre fin au dispositif après avoir ordonné la clôture des comptes.

Les dirigeants de la FNSEA se défendent au nom d'une « certaine identification entre la FNSEA et l'agriculture française ». Selon Luc Guyau, le financement de son bureau à Bruxelles et celui de la fête de son cinquantenaire relèveraient d'une « solidarité profitant à l'ensemble de la profession ». Sauf que tous les céréaliers ne sont pas affiliés à la FNSEA : aux dernières élections, elle n'a engrangé que 53 % de leurs votes.

La fédération dispose en outre du soutien sans faille du parquet de Paris. Le 2 août, il requérait en effet un non-lieu, au motif que l'abus de bien social aux dépens d'Unigrains (qui a le statut de banque privée) ne tiendrait pas, car ces taxes céréalières seraient de l'argent public. Pur prétexte, selon certains qui soulignent qu'après avoir multiplié les réquisitoires pour abus de bien social le parquet s'est bien gardé d'élargir les poursuites pour détournement de fonds publics.

Henri de Benoist affirme que « tout le monde avait connaissance » de ces reversements, à commencer par les ministres de l'Agriculture. Mais, s'agissant du volet ministériel, le parquet a refusé la demande du juge d'instruction de saisir la Cour de justice de la République. Me Inchauspé, avocat de la Coordination rurale, principal plaignant, se félicite quand même : « On est dans un pays raisonnablement bananier où il est encore possible, en tant que partie civile, de contourner le pouvoir et son bras armé, le parquet. » Il a tout de même fallu, pour en arriver là, dix bonnes années de bagarre procédurale, sans parler des « recommandations » de bouche à oreille pour refermer le dossier.

Qu'une partie visible de l'iceberg...

La FNSEA et les inculpés nient farouchement toute illégalité dans cette affaire mais, au-delà des protagonistes, des langues se délient de tous côtés. Les découvertes du juge font remonter bien des souvenirs. Du côté de la Confédération paysanne, on ne manque pas de suivre les détails du dossier. Nous contactons José Bové pour lui demander son sentiment. L'ex-dirigeant de ce petit syndicat très actif et en guerre « contre les arrangements douteux » n'est pas du tout surpris par cette affaire : « Non seulement elle ne nous étonne pas, mais on peut en évoquer beaucoup d'autres. La naissance de notre syndicat et ses combats sont intimement liés au rejet des collusions affairistes qui se sont multipliées autour de cette confédération. Avec elle, les industriels, les banques et les politiques ont pu faire de l'agriculture ce qu'elle est devenue un peu partout : une machine à faire de l'argent au détriment des citoyens, de leur santé et de celle de la paysannerie. Les différents ministères de l'Agriculture devront expliquer pourquoi ils ont cautionné et institutionnalisé ce système. J'ose croire que cette enquête sera l'occasion de remettre à plat cette organisation tentaculaire et de renouer avec la transparence et le pluralisme syndical. C'est tout à fait représentatif des pratiques qui se sont développées sous la domination de la FNSEA qui n'a jamais défendu les intérêts des paysans vraiment attachés à leur métier[1]. »

Nous nous entretenons également avec Gilles Luneau, spécialiste des questions agricoles[2]. À ces yeux, les pra-

1. Entretien avec les auteurs, décembre 2007. Depuis 2004, José Bové est porte-parole de Via Campesina (Mouvement international des paysans et des sans-terre).

2. Auteur de *La Forteresse agricole*, Paris, Fayard, 2004.

tiques de financement développées par la fédération et pointées par le juge Pons ne sont qu'une partie de l'iceberg : « La FNSEA et ses très nombreux satellites directs et indirects ont développé une véritable arborescence capable d'ouvrir les lignes de crédits publics les plus diverses. On peut même dire que dans certains cas la ligne de crédit a créé l'organe destinataire. Par exemple, tant qu'il n'y a pas eu de subvention pour l'environnement ou l'agriculture bio, les organisations contrôlées par la FNSEA non seulement ne s'en souciaient pas mais prenaient position contre[1]. »

L'arrivée de syndicats actifs et plus indépendants dans ce paysage monolithique a permis de rééquilibrer un peu le pouvoir de la FNSEA et d'introduire des observateurs attentifs au sein de l'administration. Pour autant, la Confédération paysanne, la Coordination rurale et le Modef sont encore exclus de beaucoup d'instances de décision, la FNSEA voyant d'un mauvais œil la perspective de ne plus être la seule interlocutrice. « Quand le rapport de force change, notamment sous des gouvernements de gauche ou sous la pression des élections professionnelles, déclare Gilles Luneau, la FNSEA exige d'être reçue avant les autres, et pratique volontiers la politique de la chaise vide pour la réunion officielle, alors vidée de sa raison. »

Sur le terrain, sa domination économique et syndicale fait de gros dégâts. « Il faut vivre ça au niveau départe-

1. Entretien avec les auteurs, décembre 2007.

mental, notamment pour l'installation des jeunes ou nouveaux agriculteurs, développe Gilles Luneau : les pressions se font sur la sélection du profil du candidat pour accéder à la terre, au crédit, au marché. Dans bon nombre de cas (quand il n'y a pas de contre-pouvoir syndical local), il vaut mieux avoir sa carte du syndicat si l'on veut se voir attribuer une ferme qui se libère. Donc les pressions sont différentes : au sommet, c'est la pression sur l'orientation des politiques agricoles et, à la base, sur la sélection des candidats. Dans les deux cas, c'est la règle de l'exclusion qui prévaut sur celle du débat entre professionnels. »

Comment la FNSEA parvient-elle à contenir ses bases au niveau de la réalité locale et quotidienne ? Là encore, le spécialiste qu'est Gilles Luneau éclaire notre lanterne : « Quand on est paysan, dans un village, on n'a pas envie de se fâcher pour des histoires syndicales ou politiques avec son collègue, et on se met d'accord pour installer un jeune, on se donne des coups de main pour les gros travaux, on boit des coups ensemble. Il faut vraiment distinguer l'échelon local de l'échelon national. Le mode élaboré des différents scrutins qui décident des élus au niveau FNSEA ne reflète pas les syndicats de base. On vote pour un échelon qui vote pour l'échelon supérieur. C'est un processus centraliste. Sans parler des voix littéralement achetées, un certain nombre de votes s'acquérant selon la hauteur de la cotisation. On ne fraude pas, on paie. »

La FNSEA joue-t-elle son rôle de syndicat défendant l'intérêt des gros agriculteurs ou, comme le déclarent beaucoup d'observateurs, représente-t-elle un lobby au service des industries agroalimentaires et phytosanitaires ? La réponse est un peu compliquée, mais elle mérite que l'on s'y arrête. Fondée en 1946, la FNSEA est une « fédération des syndicats d'exploitants agricoles » présentée dès sa naissance comme le rassemblement de tous les paysans petits et grands, riches et pauvres, de droite comme de gauche. Pendant les Trente Glorieuses, la FNSEA a été prise d'assaut par les jeunes paysans qui ont négocié avec le pouvoir gaulliste la modernisation de l'agriculture. Ils ont obéi à un schéma d'industrialisation de l'agriculture où l'on a vu progressivement l'aval (les usines agroalimentaires) façonner à la fois l'agriculture et, à l'autre bout, les modes de consommation avec le marketing, la grande distribution, etc. La FNSEA a été de tous ces développements, de toutes les filières. Puis, elle a progressivement abandonné les circuits alimentaires de proximité et la vision territoriale pour animer et construire une organisation verticale, en filières de production. Une vision de *process* industriel s'est alors mise en place, d'ingénieurs agronomes, ce que sont les membres de la commission économique de la FNSEA, par ailleurs dirigeants des associations spécialisées dans les grandes cultures. Ils ont développé des outils de production (moulins industriels, abattoirs...), d'approvisionnement et de recherche. Et ils sont devenus des acteurs agroalimentaires et des interlocuteurs des transformateurs agroalimentaires où ils retrouvent souvent leurs camarades de « promo de l'Agro » ou leurs cadets... « Au bout, ils deviennent des lobbyistes à Bruxelles et rue de Varennes, analyse froidement Gilles Luneau dont les réflexions rejoignent largement celles de la Confédération paysanne. Aujourd'hui, la FNSEA gère la fin des paysans. Nous regardons passer l'enterrement de l'agriculture française. Comme culture humaine, comme pensée du territoire, comme garante de l'autosuffisance alimentaire, comme source de produits de qualité gastronomique élevée, même s'il existe de formidables initiatives alternatives comme l'agriculture bio, les réseaux de semences paysannes, les circuits courts de distribution, les Amap[1]. »

À cet égard, l'affaire qui est aujourd'hui entre les mains de la justice est exemplaire. Luc Guyau n'est pas, à l'évidence, un bandit travaillant à son compte. C'est le dirigeant d'un mastodonte syndical qui doit rendre des comptes sur les systèmes financiers discutables mis en place sous son mandat, sous la pression de céréaliers devenus surpuissants.

Le procès devrait avoir lieu à la fin de l'année 2008.

---

1. Association pour le maintien d'une agriculture paysanne.

CHAPITRE XI

Qui veut des « cotisations » ?

Nous avons délibérément choisi d'aborder la question des cotisations à la fin de cette première partie traitant des financements, non par ironie, quoique la situation pût le mériter, mais pour traduire le sentiment que nous avons rencontré en faisant le tour du système de perfusion français : les cotisations semblent être devenues « quantité négligeable » aux yeux des syndicats. Ce sentiment est palpable dans la plupart des secteurs que nous avons auscultés. Dans de nombreuses entreprises, les salariés ne voient plus personne venir leur acheter des timbres, alors que ce petit rituel était pour beaucoup l'une des rares occasions d'échanger avec les syndicalistes quelques paroles sur les problèmes internes. De fait, les fédérations ne vivent plus des cotisations des adhérents. Avec un taux de syndicalisation tombé entre 8 et 5 % des salariés (soit l'une des plus basses moyennes nationales des pays industrialisés), les cotisations ne représentent plus qu'un quart, parfois un tiers, des ressources des centrales ouvrières. Alors que le taux de syndiqués atteignait 25 % dans les années 1970, ce chiffre a presque été divisé par cinq depuis. Le plus stupéfiant est que le nombre des syndicalistes professionnels a été multiplié par le même chiffre au cours de cette période.

Faut-il voir dans cette désaffection syndicale, comme de nombreux responsables syndicaux le prétendent, l'origine des autres financements qui auraient ainsi pour objectif de maintenir le syndicalisme « la tête hors de l'eau » ? En fait, ce serait plutôt le contraire qui se passe : les financements hors cotisations font partie des causes qui ont puissamment contribué à la perte des adhésions. À l'évidence, ce sont les employeurs privés et publics qui, de nos jours, font bouillir la marmite des syndicats. Et cette évidence-là nous est souvent rapportée par les syndiqués qui ont la sensation d'avoir été abandonnés. Notre enquête confirme, hélas, que ces « financements hors cotisations » s'accommodent fort bien de la relégation des salariés eux-mêmes. Comme si ces derniers étaient devenus, en quelque sorte, la cinquième roue du carrosse... Une roue qu'on ne veut même plus prendre la peine d'entretenir.

En contradiction avec tous les préceptes d'indépendance, l'argent qui nourrit les syndicats provient donc discrètement des entreprises privées, des CE, des établissements publics (indemnités de gestion des organismes paritaires, aides à la « formation », jetons de présence du Conseil économique et social ou d'innombrables conseils d'administration), sans oublier les « efforts » des collectivités territoriales.

Les confédérations ont longtemps refusé d'admettre que l'affaiblissement du nombre des syndiqués est devenu dramatique au cours des années 1980 et que les cotisations ne représentent plus qu'une source de financement parmi beaucoup d'autres. En préférant cacher cette désaffection massive qui trahissait leurs erreurs et leur éloignement de la base, elles n'ont fait que s'enfoncer dans l'ornière, voulant maintenir coûte que coûte leur curieux cap.

Les budgets déclarés par les centrales mentionnent des chiffres qui prêtent à sourire : la CFDT prétendait, il y a quelque temps, trouver 75 % de ses ressources dans les cotisations... Elle revendique désormais le chiffre de 50 %, cité avec mansuétude par le rapport Haddas-Lebel en 2006. Ces cotisations lui permettraient ainsi de réunir chaque année 65 millions d'euros. Le syndicat FO déclare que ses cotisants assurent 57 % de son budget par an avec 35 millions d'euros, mais les observateurs y croient encore moins et rappellent que ce poste accueille d'autres ressources. Avec une humilité relative, la CGT annonce quant à elle que les cotisations constituent 34 % de ses rentrées avec 75 millions d'euros. La CFTC fait profil bas avec 20 % de cotisations, soit 12 millions sur son budget de 60 millions d'euros. Ces chiffres sont tout bonnement invérifiables.

Dans les pays où la corruption est rare

Une comparaison avec l'humble voisin belge en dit long : dotée de ressources nationales qui ne représentent qu'une fraction de la richesse de la France, la Belgique réunit chaque année 400 millions d'euros de cotisations syndicales, soit plus de deux fois plus que les cotisations de l'ensemble des organisations syndicales hexagonales. Il est vrai qu'au regard des 65 % de syndiqués de la Belgique, nos 8 % font pâle figure. Avec les pays scandinaves, où le taux de syndicalisation des salariés se situe entre 80 % et 89 %, la disproportion est pire encore. En Suède, par exemple, les adhésions syndicales représentent 900 millions d'euros (83 % de syndiqués). Soit près de cinq fois nos ressources syndicales dans un pays dont le PIB est pourtant sept fois inférieur au nôtre !

Ces succès, qui tardent à nous inspirer, appellent deux remarques. D'une part, ils ont lieu dans la partie de l'Europe où l'on constate le plus faible taux de corruption de la vie politique et financière. Si la France ne sait pas tirer les leçons de cette analyse, cela signifie pourtant beaucoup de choses sur le plan syndical. Tout d'abord, il est bon de noter que la corruption qui, en France, est assez importante pour placer notre pays au dix-huitième rang des pays les moins corrompus du monde (c'est-à-dire loin derrière nos amis nordiques qui occupent la tête des pays les moins touchés), est un indicateur puissant du niveau de suspicion de la population envers ses représentants et ses décideurs. Cette perception a fait l'objet de nombreux travaux de recherche et l'on sait aujourd'hui qu'elle est un indicateur assez significatif des pratiques objectives dans la mesure où elle varie en fonction du nombre des scandales et de leur nature, des expériences de propositions directes ou proches, des témoignages, des occasions de s'y commettre soi-même et, *in fine*, des pratiques générales. Cette suspicion n'incite guère à adhérer à des organisations pour lesquelles on éprouve, par ailleurs, des sentiments mêlés touchant à des divergences d'appréciation politique, de stratégie, d'intérêts, sentiments auxquels il faut ajouter des doutes sur leur degré d'implication. Il serait bon à cet égard que des recherches soient menées sur la vie syndicale par les observatoires mondiaux de la corruption. En attendant que des chercheurs se familiarisent avec ce terrain, notre enquête apporte une matière abondante, hélas, à la thèse selon laquelle la désyndicalisation en France a un lien déterminant avec la grave perte de confiance des salariés envers les grandes organisations, plutôt qu'avec l'individualisation que les syndicats accusent si volontiers. D'autant que l'individualisation ne constitue pas en soi un facteur d'inertie et ne s'oppose pas à l'opportunisme ou à la faculté de s'organiser collectivement.

Le succès des mouvements de coordination depuis les années 1980, qui coïncide avec l'affaiblissement des centrales, apporte également du crédit à cette analyse. De même que la progression rapide des jeunes syndicats actifs nés des hémorragies des grandes organisations.

Autre remarque sur laquelle nous reviendrons : les taux de syndicalisation record des pays de l'Europe du Nord montrent que, dans la même situation de compétitivité mondiale et d'« individualisme grandissant », les syndicats ne sont pas condamnés à perdre leurs cotisants.

Les comptes des syndicats ne font guère mention des perfusions multiples mises en place par les entreprises. Cette discrétion a permis de sauver les apparences jusqu'à présent, malgré de nombreuses fuites, et de gonfler le nombre des adhérents. On peut comprendre aussi qu'il soit délicat d'afficher les étonnantes contributions de la part de directions d'entreprise qui, faut-il le rappeler, n'ont pas précisément pour objectif de défendre les intérêts des salariés. On a beau traverser une époque où les confédérations semblent se résigner à un « syndical-libéralisme », il leur est tout de même difficile d'avouer ce genre de versements qui laissent suspecter des compromissions coupables.

L'indépendance financière est le critère officiel le plus déterminant chez nos homologues européens pour donner droit à la représentativité des organisations syndicales. On considère partout que ce sont les cotisations des adhérents qui leur permettent d'assurer cette indépendance. Or, en France, il y a déjà longtemps qu'on ne se soucie plus beaucoup d'aller vendre les timbres aux cotisants. Résultat, aucune des cinq centrales ne jouit de l'indépendance requise par le Code du travail. Les entreprises et l'État sont les financeurs, des créanciers qui, dans le premier cas, ne sont pas des philanthropes et procèdent de façon aussi occulte qu'illégale. Se demander quelle raison les pousse à faire ces versements à leurs adversaires historiques devrait être pour le moins naturel, mais la question reste pourtant un tabou. Dans le cas des financements publics, on peut douter aussi que les gouvernements y consentent sans exiger de contreparties.

Les syndicats français se contentent donc de puiser 15 à 50 % de leurs ressources dans les cotisations. Ce chiffre déjà très inquiétant n'est qu'une reconstitution approximative fondée sur les déclarations des confédérations qui sont mal disposées à donner de vrais chiffres, soucieuses qu'elles sont de protéger leur place dans le système de représentativité. Nos propres sources nous incitent à baisser encore ces taux d'un bon tiers.

La loi de 1884 a accordé aux syndicats le privilège de ne pas être tenus à la transparence de leurs comptes. L'intention du législateur était officiellement de les soustraire aux tentations des gouvernants et des employeurs de consulter les listes d'adhésion et d'exercer des pressions pour les neutraliser... Le comble est que cette loi a précisément permis l'inverse : en autorisant l'opacité des budgets, elle a ouvert la voie aux gentils financeurs et aux pratiques de gestion les plus aliénantes.

Question de pure curiosité : combien de temps a-t-il fallu au patronat pour prendre conscience de la brèche ouverte par la loi de 1884 et s'y engouffrer ? La réponse avait été donnée avant même que la question nous vienne à l'esprit. Souvenons-nous – c'était en 2007 :

« Les financements ont toujours existé. Dès 1884, il y a eu une caisse qui alimentait les syndicats », confessait alors l'ancien patron des patrons, Yvon Gattaz, à la Brigade financière et aux journalistes dans le cadre de l'affaire Sauvagnac. Dès 1884... Si les paroles de l'ex-président du CNPF ont excité l'opinion, elles n'ont pas éveillé toute la curiosité qu'elles méritaient. Elles appellent pourtant bien des questions.

Ne faut-il pas réfléchir sérieusement aux effets de ces financements sur le terrain des luttes et à leur rôle délétère dans les évolutions du syndicalisme en France ? Faisons le point sur l'état réel du syndicalisme en France, à commencer par le nombre de syndiqués. Un autre secret de famille...

DEUXIÈME PARTIE

La débandade

Chapitre XII

Faux effectifs

Nous avons observé que différentes pratiques aliénantes de financement des syndicats existaient dans de nombreux organismes à vocation sociale et que toutes les grandes sociétés où nous avons enquêté s'y adonnaient joyeusement. Le moment est venu d'analyser les conséquences de ces dérives systématiques sur la vie syndicale au niveau national...

Sur le terrain, dans toutes les régions où nous sommes allés, les témoignages de découragement des salariés abondent. Beaucoup ont mis fin à leur adhésion ou se sont tournés vers de nouveaux syndicats moins hiérarchisés, souvent tenus pour non représentatifs par les autorités et les partenaires sociaux traditionnels. Ces témoignages si fréquents expliquent, au moins en partie, la désyndicalisation qui touche si sévèrement la France. Combien y a-t-il de syndiqués en France ? On vient de le voir avec le volume des cotisations, la réponse ressemble à une blague : cela dépend de qui compte... Les versements que l'administration concède aux organisations étant justifiés par leur représentativité (fondée sur leur nombre d'adhérents), il serait inconcevable que les syndicats lui mentent et que celle-ci procède à ses versements les yeux fermés. Pourtant, aussi choquant que cela paraisse, le fait est là : les chiffres avancés par les organisations ne correspondent pas à la réalité, ils sont gonflés, extravagants même.

Le 20 octobre 2007, la Dares a organisé une journée de présentation des principaux travaux qu'elle a subventionnés pour cerner les évolutions des syndicats en France entre 1990 et 2005. Les études de l'équipe de recherche de Dominique Labbé[1] et D. Andolfatto[2] ont largement confirmé les doutes les plus sérieux concernant le nombre d'adhérents déclaré par les confédérations. « Si l'on additionne tous leurs chiffres, on arrive à un total égal environ au double de toutes les estimations et qui n'est pas crédible, expliquent les chercheurs. C'est à un véritable travail de fourmi qu'il faut se livrer pour essayer de parvenir à des estimations raisonnables, en utilisant tout ce qui est publié, en particulier le nombre des timbres des cotisants, et en prenant appui sur les chiffres du syndicat qui essaie d'être le plus transparent : la CFDT. (...) Sur cette base, et avec toutes

1. Chercheur du CERAT-IEP de Grenoble (rattaché au CNRS), maître de conférences en sciences politiques.

2. Chercheur du GREP de l'université Nancy-II.

les réserves qu'il faut exprimer sur des chiffres qui ne sont au final que des estimations le plus honnêtes possible, le nombre total de syndiqués en France au début du XXIe siècle serait d'1,5 million pour environ 22,5 millions de salariés, publics ou privés, soit un taux de syndicalisation de 6,5 %. »

On a bien lu : 6,5 % de syndiqués, un taux qui figure parmi les plus bas du monde occidental. Et en approchant la loupe, on s'aperçoit que des pans entiers du secteur privé sont aujourd'hui complètement désertés par les syndicats, en particulier à cause de la multiplication des entreprises de sous-traitance qui emploient un personnel sous-qualifié et soumis à un *turn over* intense, des entreprises où le Code du travail est le plus souvent remplacé par l'arbitraire de l'employeur, les contrats de courte durée, voire la mission à la journée, pour ne pas parler de l'emploi des sans-papiers.

Une chape de plomb pèse toujours sur la véritable représentativité des principaux syndicats et leur poids respectif. Les raisons de cette hypocrisie sont désormais connues de tous les spécialistes : les organisations veulent conserver leurs enviables prérogatives aussi longtemps que possible. Nos chercheurs l'ont d'ailleurs rappelé à maintes reprises : toujours protégés par la loi de 1884 qui les dispense de transparence, « les syndicats sont la seule institution française qui n'a pas à tenir de comptabilité et n'est donc pas contrôlable par la nation malgré la masse de crédits publics ou d'aides indirectes massives qu'ils reçoivent. Les syndicats ont donc tout intérêt à gonfler les chiffres officiellement déclarés de leurs adhérents[1] ».

En tout état de cause, même en se référant aux observateurs les plus généreux, afin de remonter au maximum le taux de 6,5 % de salariés syndiqués dans l'Hexagone, on ne parvient pas à en trouver plus de 10 %. L'image des syndicats, d'une indéniable popularité jusqu'à l'aube des années 1980, s'est fortement dégradée ensuite. Certes, il y a toujours des observateurs pour incriminer la crise pétrolière de 1974 et ses suites, certains estimant même que les syndicats se sont décrédibilisés aux yeux de l'opinion en s'opposant à la politique d'austérité alors prônée par les autorités et les organisations patronales. Cette analyse très partisane est difficilement conciliable avec les témoignages directs des salariés en rupture de ban. Et s'il en avait été ainsi, les syndicats les plus libéraux les auraient vus accourir...

La « bureaucratisation des permanents »

Le phénomène le plus remarquable des années 1980 et 1990 est celui de l'éloignement des représentants syndicaux du terrain et donc de ceux qui les avaient élus ou auprès de qui ils avaient été nommés par cooptation ou parachutage... Ce que d'aucuns ont appelé la « bureaucratisation des permanents », un terme assez gentillet.

1. *Société civile*, n° 63, novembre 2006.

C'est très précisément dans le sillage de ce phénomène que des salariés de plus en plus nombreux hésitèrent à renouveler leurs cotisations. Des cotisations que l'on vient d'ailleurs de moins en moins leur demander, comme nous l'avons constaté partout dans les entreprises.

Les syndicalistes se sont éloignés du terrain pour mieux se focaliser sur les circuits de financement qui les entretenaient indépendamment des cotisations. Ils ont ainsi perdu le contact encourageant avec les salariés et la notion de leurs besoins au quotidien, la désyndicalisation renforçant l'éloignement des syndicalistes vers des solutions externes, lesquelles contribuent à aggraver le conflit entre leur intérêt et celui des salariés...

Cette désyndicalisation a miné la légitimité des organisations syndicales à prétendre être représentatives et des voix se sont élevées, de plus en plus fortes, pour contester les attitudes officielles des gouvernements considérant encore les centrales comme partenaires sociaux, dignes de figurer dans la mise en scène du « dialogue social ». Et l'on ne manque pas de s'appuyer sur la loi pour exiger une remise en ordre. C'est en effet l'article L. 133-2 du Code du travail qui définit et encadre juridiquement la représentativité des syndicats. Or il n'est pas appliqué ; s'il l'était, les centrales ne s'en relèveraient pas. Qu'on en juge : aux termes du Code actuel, les critères suivants devraient être retenus : le nombre d'adhérents, l'indépendance (vis-à-vis de l'employeur et des autres groupements), le montant des cotisations (selon la jurisprudence, celui-ci doit témoigner d'une stabilité permettant l'indépendance financière)[1]...

Les autorités politiques, comme on pouvait s'y attendre, ont fini par envisager de tout remettre à plat, notamment la pérennité des financements accordée aux syndicats, situation qui offre un formidable instrument de chantage aux gouvernements qui peuvent ainsi plier les confédérations à leur diktat et aux réformes qu'ils veulent imposer. Logiquement, tout cela donne lieu à une corvéabilité des centrales syndicales et à une certaine frilosité à aller au combat quand les droits des salariés reculent, ce que confirme la réforme des conseils de prud'hommes...

---

1. S'ajoutent à cela d'autres critères qu'il faudrait à l'évidence redéfinir : l'ancienneté de l'organisation syndicale et son attitude, patriotique ou non, sous l'Occupation.

Chapitre XIII

Prud'hommes en solde

Automne 2007 : les médias font généreusement écho à la réforme de la carte judiciaire lancée par la ministre de la Justice, Rachida Dati. De fait, la réduction du nombre de tribunaux d'instance suscite alors de nombreux émois. Les manifestations des magistrats en tenue, gens de robe très télégéniques, attirent les caméras. De son côté, la ministre s'invite sur les plateaux de télévision des chaînes nationales et régionales. Mais toute cette effervescence cache un autre aspect de la réforme : les journalistes semblent oublier qu'elle vise aussi les juridictions prud'homales et les magistrats civils qui les animent. Des gens sans robe, ceux-là, rendant une justice sans hermine et sans apparat, mais indispensable pour protéger les 16,5 millions de salariés du privé quand leur employeur ne respecte pas le droit du travail...

Étonnés par le silence qui règne sur ce versant de la réforme, qui touche pourtant au seul véritable instrument de défense des travailleurs, nous décidons d'aller interroger les juges prud'homaux. « Dans le débat sur la carte judiciaire, nous sommes les grands absents ! nous explique Christine Pourre, présidente salariée du conseil de prud'hommes de Créteil et membre CGT du Conseil supérieur de la prud'homie. Je ne comprends pas pourquoi les confédérations ne bougent pas, malgré nos demandes répétées. On a pourtant besoin d'elles face aux mesures que le gouvernement veut nous imposer (...). Ce projet de décret veut réduire le nombre des conseils de prud'hommes alors qu'on se démène déjà comme des braves pour traiter toutes les affaires. Il vise aussi à limiter formellement à quelques heures le temps qu'on pourra consacrer à chaque dossier. C'est insensé, ça menace purement et simplement le fonctionnement des conseils de prud'hommes. Tout s'organise pour limiter les conditions d'exercice du mandat prud'homal et remettre en cause les fondements de l'institution prud'homale, à l'heure où les salariés vont avoir besoin de moyens accrus pour faire respecter leurs droits [1]. »

Des jugements au pas de course

La ministre a fait savoir en effet qu'elle allait réduire d'environ un quart le nombre des juridictions prud'homales. On en compte actuellement 271, ce qui, de l'avis des conseillers prud'homaux est déjà très insuffi-

---

1. Entretien avec les auteurs, novembre 2007.

sant pour traiter les affaires sans prendre un retard parfois insupportable pour les plaignants, essentiellement des salariés qui doivent faire face à des licenciements et des suspensions de salaire qui les étranglent. Du côté du gouvernement, on s'efforce de rassurer tout le monde. « Le but est de gagner en efficacité et non de réduire le nombre de conseillers prud'homaux », répète un magistrat membre du cabinet du garde des Sceaux. Les juges prud'homaux que nous rencontrons sont convaincus du contraire. Ils nous rappellent aussi que la réduction de la carte judiciaire n'est qu'un aspect de la réforme des conseils de prud'hommes. Le projet de décret prévoit aussi de limiter à trois heures l'étude des pièces du dossier (qui fait souvent plusieurs dizaines de centimètres d'épaisseur), la préparation de l'audience avec ses éventuels rapports d'expertise et succession des témoins, la motivation des décisions, la rédaction du jugement et son envoi (ce temps pouvant être porté à cinq heures sur autorisation expresse de la formation de jugement). Une contrainte que les conseillers et juges des prud'hommes estiment impossible à respecter, sauf s'ils acceptent de bâcler une grande partie des affaires, ce qui risque de multiplier les contradictions des jugements et les recours des justiciables lésés. Et, au cas où des magistrats y passeraient plus d'heures, les dépassements de temps ne seraient pas remboursés aux employeurs. Les juges, dès lors, seraient considérés comme fautifs (retard ou absence non justifiés) et pourraient ainsi être sanctionnés. On peut y voir une véritable entrave à la fonction des conseils de prud' hommes. Pour s'en convaincre, il suffit d'imaginer le tollé que provoquerait semblable exigence auprès des magistrats professionnels des tribunaux d'instance. Discrimination qui, au demeurant, justifierait de la part de ces derniers une mobilisation solidaire... D'autant qu'il n'y a pas grand-chose qui distingue les procédures : s'y succèdent les moments clés des audiences, les témoins, les lectures des rapports d'expertise, les plaidoiries des avocats et le délibéré des quatre magistrats.

Qui veut des 16,5 millions de salariés du privé ?

Christine Pourre aimerait comprendre l'inertie des confédérations. Mais ses demandes auprès de sa propre confédération n'ont abouti qu'à un énigmatique silence, qu'elle n'apprécie guère : « On a l'impression de ne pas être entendus. Ça fait déjà deux ans qu'on les alerte et qu'on tente d'attirer leur attention. Le rôle des prud' hommes est fondamental, vraiment je ne comprends pas. » La discrétion des leaders syndicaux la trouble, elle traverse une période d'interrogation, tout en se refusant à envisager l'hypothèse d'une théorie du complot ou à se résoudre à l'idée que le sort des conseils de prud' hommes aurait déjà fait l'objet de tractations secrètes entre les organisations syndicales et le gouvernement de François Fillon. Elle rechigne à l'envisager, quoiqu'elle en ait vu d'autres et conserve un vif souvenir de certaines « précipitations » : « Les confédérations n'ont pas toujours des attitudes très lisibles (...). On a bien vu François Chérèque signer la réforme des retraites au petit matin, en 1995, alors... »

Si elle ne relâche pas ses efforts pour défendre les prud'-hommes, elle semble résignée : « Il n'est pas facile de maintenir la mobilisation de tous quand le sommet des organisations ne donne pas de signes encourageants. »

Un de ses confrères va un peu plus loin : « Manifestement, tout le monde est d'accord pour réduire notre fonction. C'est révoltant. Nous sommes le seul véritable outil pour défendre les droits des salariés du privé et pas un seul leader syndical ne nous rejoint dans la rue ! Pas un mot pour nous soutenir... Rien. On dirait qu'ils souhaitent que nous disparaissions ! J'aimerais bien savoir ce qu'ils ont dealé entre eux[1]. » Le juge des prud' hommes qui s'indigne ainsi représente l'une des cinq confédérations syndicales, mais craint de se faire taper sur les doigts si on le reconnaît. « Ce qui est en train de se passer aurait précipité tout le monde dans la rue il y a trente ans, reprend-il. Cela aurait été inimaginable. Alors que les syndicats devraient réunir un maximum de troupes pour nous soutenir et empêcher le gouvernement de nous écraser, ils nous sacrifient ! Quand on comprendra ce qu'ils ont fait dans notre dos, il sera trop tard, nous aurons perdu la bataille des prud'hommes. »

Inimaginable, en effet. D'autant que le Conseil supérieur de la prud'homie, composé des représentants

---

1. Entretien avec les auteurs, novembre 2007.

des confédérations et des employeurs, a lui-même voté pour le projet gouvernemental au mois de juillet 2007. Christine Pourre, qui siège dans ce conseil au nom de la CGT, s'enflamme : « La CFDT et FO ont accepté très rapidement le projet de décret en disant qu'elles l'acceptaient en l'état ! Puis la CFTC et la CGC se sont ralliées à elles au mois de mai 2007 sans qu'on comprenne pourquoi, alors que les conseillers prud' homaux sont dans la rue quels que soient leurs syndicats [1] ! »

L'empressement du Conseil supérieur de la prud' homie à signer l'accord a ravi le Medef. Comble d'ironie, c'est justement le Medef qui a demandé lui-même une légère augmentation de l'heure de vacation des conseillers prud'homaux représentant les confédérations de salariés... Du jamais vu. « Quand on pense que c'est le syndicat des patrons qui a obtenu notre augmentation alors que nos syndicats ne la demandaient même pas, c'est le comble ! nous souffle un conseiller CFDT. Ils ne vont tout de même pas croire qu'on va se soumettre avec ça ! »

Tout militant syndical sait que les prud'hommes sont la base de l'édifice des acquis du syndicalisme. Leur rôle

1. De son côté, le syndicat Sud était encore très peu présent lors des élections prud'homales de 2002 et devrait se présenter beaucoup plus massivement aux élections de 2008. « Nous visons un résultat général de 5 % », nous déclare Annick Coupé, porte-parole de Sud-Solidaires.

est essentiel pour rendre la justice entre les employeurs privés et leurs salariés. Rien moins que 16,5 millions de salariés sur les 22 millions d'actifs que compte la France relèvent de ces tribunaux ! Autrement dit, l'immense majorité des travailleurs. Il est difficile d'imaginer ce qu'il adviendrait d'eux au cas où ces tribunaux viendraient à ne plus pouvoir assurer leur mission. Il va de soi que la prud'homie n'a pas seulement pour vertu de rendre la justice dans les conflits dont elle est saisie, mais qu'elle sert aussi à dissuader ceux qui, sans elle, se laisseraient aller à tous les abus.

« Les prud'hommes ont toujours gêné les patrons »

L'enjeu est considérable et nul mieux que les syndicats le connaissent. Les licenciements abusifs représentent plus de 90 % des affaires traitées par les tribunaux prud'homaux, en particulier les licenciements visant les salariés souffrant de maladies professionnelles, les atteintes aux droits des salariés protégés (représentants syndicaux ou délégués du personnel), les licenciements de salariés issus de l'immigration et de ceux qui ont une faible connaissance de leurs droits... On saisit également la justice prud'homale pour les discriminations dans l'évolution des carrières, notamment chez des personnes handicapées ou ayant subi des atteintes professionnelles, certaines de ces personnes étant licenciées par recours à des procédés retors et sans qu'on les reclasse, malgré les obligations légales. Pêle-mêle, on y juge aussi de nombreux cas de salaires impayés, de harcèlement sexuel ou moral, des situations de stress très important ou de dépression liées à des formes d'agression, et toutes sortes d'« oublis » de droits. Si tout le monde peut y être défendu, il arrive souvent que des gens très démunis économiquement et socialement y obtiennent le simple respect de leurs contrats de travail. On y voit, par exemple, des travailleurs en CDI qui ont été licenciés soudain par leur employeur après des années de travail, sans le moindre reproche, juste parce qu'un jour ils ont demandé une augmentation ou un stage de formation auxquels ils avaient parfaitement droit. « Des peintres en bâtiment, des menuisiers, des terrassiers, des employés de bureau, mais aussi des cadres peuvent y retrouver une dignité piétinée », explique un juge.

Les centrales syndicales sont-elles prêtes à lâcher cette dernière place forte ? En tout état de cause, elles se comportent comme si elles étaient profondément indifférentes au sort des prud'hommes. « Les prud'hommes ont toujours gêné les patrons. Mais ils n'osaient même pas rêver qu'un gouvernement s'y attaque. Aujourd'hui, Nicolas Sarkozy le fait. Et aucun leader syndical ne bronche ! C'est complètement surréaliste. » Le conseiller prud'homal CFDT qui s'emporte de la sorte hésite lui aussi à livrer son nom. Décidément, siéger aux prud' hommes ne libère pas complètement de la crainte des représailles. Que risque-il donc ? « Je n'ai pas envie qu'on dise que je crache sur mon syndicat, ni de perdre l'aval de ma fédération. "Les moutons noirs", ça ne vous dit rien ? »

Il nous rappelle que « les moutons noirs » est l'expression utilisée autrefois par Edmond Maire, l'ancien patron de la CFDT, et après lui par les dirigeants successifs de la confédération, Nicole Notat et François Chérèque, pour désigner les militants jugés trop indépendants. « Ils ont saigné le syndicat à plusieurs reprises. C'est très simple, j'aspire à des responsabilités dans la fédération, je ne veux pas me griller. » Si le propos n'a pas grand-chose à voir avec la défense de l'intérêt des salariés, il a néanmoins le mérite d'être franc.

Alors que le projet de la ministre de la Justice prévoyait donc, dès la rentrée 2007, de réduire d'un tiers le nombre des juridictions prud'homales, les conseillers prud'homaux, abandonnés à leur sort, ne comprennent toujours pas pourquoi ils ne sont pas soutenus par leurs leaders. « Du coup, malgré l'importance de ce qui est en train de se passer, on a toutes les peines du monde à rameuter les médias », constate avec amertume Christine Pourre.

Le découragement gagne du terrain chez quelques-uns, alors qu'au début le front du refus de la réforme gouvernementale allait de soi. Un bon nombre d'entre eux ne sont pas loin de penser que la partie est jouée d'avance et qu'ils sont d'ores et déjà condamnés à accompagner le projet de décret. « On s'attend à voir nos représentants syndicaux faire du contorsionnisme pour nous faire avaler la chose, dit un conseiller. Certains déclarent maintenant que cette réforme pourra éventuellement apporter des améliorations au système (...). Mais, dès qu'ils se penchent sérieusement sur son contenu, ils ne parviennent pas à s'en convaincre eux-mêmes. »

Tous affirment que limiter le traitement de toutes les affaires à quelques heures signifie d'une manière générale que les jugements des affaires complexes vont sérieusement perdre en rigueur. « Ce qui permettra aux employeurs de les contester plus facilement, contestations qui sont actuellement assez rares du fait de la qualité des jugements rendus, prévient Christine Pourre. Cette limitation va pénaliser encore plus gravement les nouveaux conseillers prud'homaux qui ne sont pas encore bien formés au traitement des dossiers, à leur analyse et à l'élaboration de leur avis. Car il ne faut pas oublier que les magistrats prud'homaux ne sont pas des magistrats professionnels, mais juste des gens qui ont un travail par ailleurs (...). Quant au président de chaque conseil, il doit rédiger lui-même le compte rendu de l'audience, ainsi que les conclusions avec le détail des motivations pour que les parties concernées comprennent le fondement des décisions. »

Détail qui a son importance : les mêmes juges prud' homaux doivent d'abord tout noter à la main, puis le saisir sur leur propre ordinateur (généralement à leur domicile car les tribunaux n'en mettent pas à leur disposition). Ces salariés élus aux prud'hommes qui ne sont pas nécessairement habitués à taper sur un clavier et n'ont pas de formation dactylographique, n'ont pas non plus de formation initiale en droit et ne sont pas forcément passés par une scolarité longue, alors qu'ils doivent présenter tout cela dans des termes juridiquement choisis et pesés, conformes à un Code du travail qui exige d'être consulté scrupuleusement et qu'il leur faut réouvrir souvent. Tout cela en leur âme et conscience... lesquelles âme et conscience vont donc se trouver soumises à des objectifs de productivité. Tous les juges sont du même avis : quelques heures, c'est bon pour les plus petites affaires, quand le contentieux est simple, clair, et que les pièces du dossier ne sont pas volumineuses. Or, un dossier peut compter de cent à trois cents pages... Certaines affaires exigent qu'on s'y penche plusieurs jours. Alors qu'ils manquent déjà cruellement de moyens, on va les placer dans une situation intenable... Ce qui est en jeu, c'est tout simplement la possibilité pour les prud' hommes de pouvoir continuer à exercer leur travail.

« Cette mesure est absolument scandaleuse ! s'énerve un juge CFDT en *off*. Pour ne citer qu'un cas de figure, poursuit le magistrat prud'homal, il arrive qu'en reprenant les pages du dossier on découvre une pièce qui n'a pas été prise en compte dans les débats et qu'il faille se réunir à nouveau pour en débattre (...). C'est impossible dans le cadre du volume d'heures imposé par Rachida Dati. La ministre de la Justice attend-elle de nous qu'on fasse semblant de ne pas voir cette pièce et qu'on oublie nos scrupules ? J'ai le sentiment que nous n'avons pas la même conception de la justice et qu'on veut nous pousser à la faute. »

En tout état de cause, la ministre demande à ces juges civils d'accepter ce que les juges professionnels, qui ont pourtant reçu une formation solide, n'accepteraient jamais : qu'on décide à leur place du temps qu'ils vont consacrer à chaque dossier, qui plus est qu'on réduise leur traitement à quelques heures. D'autant plus que les magistrats prud'homaux n'ont pas accès à Internet pour consulter les banques de données législatives et judiciaires, alors même que l'insuffisance de leur temps de formation et le manque de documentation de la plupart des bibliothèques des conseils rendraient nécessaire un accès libre au réseau. Ils n'ont pas même de bureau où travailler, alors...

« Qu'on ne compte plus sur moi ! »

La réduction du nombre des juridictions prud'homales éloignera de nombreux justiciables des tribunaux. Justiciables qui sont souvent en butte à des difficultés financières liées à leur situation de licenciement ou de suspension de salaire. En pâtiront aussi les salariés handicapés. Les magistrats en supporteront les conséquences toute l'année : « Je mets déjà une heure pour me rendre aux audiences et une heure pour en revenir, je préside entre dix et quinze affaires par mois et je ne peux pas abandonner complètement mon emploi extérieur, s'inquiète un juge. Je travaille sur les dossiers le soir à la maison en plus de mon travail. Si je dois mettre une heure de plus pour me rendre au tribunal et en plus traiter plus de dossiers en moins de temps, j'arrêterai ! Qu'on ne compte pas sur moi pour traiter plus d'affaires au-delà de tout ce que je donne ou pour les bâcler[1]. »

En regroupant les conseillers sur les juridictions restantes, les problèmes de locaux qui existent déjà vont devenir criants. Dans le Val-de-Marne, par exemple, où il est question de fondre les deux conseils pour les réunir à Créteil, personne ne comprend comment les conseillers pourront siéger alors que le bâtiment actuellement disponible est déjà saturé. Si l'on veut accroître la productivité des audiences sur un même site, il faudra nécessairement construire un nouveau bâtiment, ce qui représente un coût important. À moins que le gouvernement prépare aussi une réduction drastique du nombre des conseillers, voire du nombre des affaires portées devant les prud'hommes... Les magistrats doutent de l'argument économique avancé par le gouvernement : au-delà du fait que cette concentration va éloigner de nombreux justiciables des tribunaux et décourager certains, elle va entraîner des coûts supplémentaires en rallongeant les déplacements de nombreux magistrats.

À leurs yeux, si la ministre parvient à imposer cette réforme, l'engorgement des dossiers se traduira rapidement par un rallongement considérable des délais

1. Entretien avec les auteurs, novembre 2007.

de procédure. L'une des conséquences en sera que les salariés en conflit avec leur employeur n'auront plus alors la possibilité de dénouer assez rapidement des situations souvent très critiques. De fait, ils seront contraints d'entrer dans des négociations directes avec leur employeur sans pouvoir se caler sur des cadres juridiques précis et stables. Le résultat est facile à deviner : rapidement, c'est toute la philosophie du droit du travail qui devra céder la place à des arrangements aléatoires. Le « gré à gré », avec toutes les stratégies d'usure à la disposition des directions d'entreprise, deviendra la clé de voûte des relations avec les salariés.

Des salariés rétablis dans leurs droits dans 90 % des affaires

C'est la vocation des prud'hommes elle-même qui se trouvera fragilisée au profit d'accords aléatoires entre les employeurs et les employés. Le gouvernement a d'ailleurs déjà enclenché ce processus en s'attaquant aux procédures de licenciement économique, il les raccourcit et progresse vers des ruptures de contrat d'un commun accord. S'il veut réduire le nombre des contentieux en réduisant les droits des salariés, il est logique qu'il songe à mettre au régime également les prud'hommes. Ces attaques constituent une atteinte au principe même des droits garantis aux salariés face aux abus des employeurs.

L'alerte est légitime. La justice prud'homale, dont il faut rappeler qu'elle est fondée sur le paritarisme employeurs-syndicats qui permet de garantir l'objectivité des jugements, est saisie dans 80 % des cas par les salariés, et ses jugements les rétablissent dans leurs droits dans 90 % des affaires. En pleine période de libéralisation et de refonte du droit du travail, il n'est guère étonnant que les employeurs et le Medef puissent rêver de voir la balance de la justice reléguée à l'arrière-plan, sinon au rang des vieux accessoires. Soustraire la relation salarié/entreprise à l'examen juridique pour la replacer dans une logique de gouvernance sans grande formalité présenterait bien des avantages pour les directions d'entreprise. « Dans le contexte actuel, si on les laisse faire, elles bloqueront les salariés dans une situation d'asservissement pur et simple, soupire un juge parisien découragé et prêt à rendre ses dossiers. Un sacré bond en arrière ! Les salariés devront se consoler en regardant l'agence de Nicole Notat qui continuera de distribuer les bons points aux entreprises pour leurs qualités éthiques. Notre situation sera similaire à celle des pays où le simple fait d'avoir un emploi est considéré comme une condition suffisante en soi. »

À l'heure où nous écrivons ces lignes, alors que les conseillers prud'homaux tentent encore de faire bouger les confédérations (toujours sans succès), la ministre de la Justice s'impatiente, elle aimerait que les conseillers prud'homaux cessent de manifester et suivent l'accord signé par leurs confédérations. Il ne faudrait pas qu'ils s'entêtent et encore moins que leurs actions de plus en plus inventives deviennent trop visibles. Car voilà, ils ne se contentent pas de simples conférences de presse auxquelles n'assistent qu'un journaliste du *Peuple* et le permanent de l'AFP ; ils organisent des suspensions d'audience et y font des déclarations critiques, distribuent des tracts aux justiciables, boycottent des réunions avec les tutelles et vont jusqu'à adresser des courriers aux parlementaires ! De plus, si le conflit dure trop longtemps, il risque de faire apparaître des divisions entre les centrales et leurs troupes, et cela, ni le gouvernement ni les organisations syndicales n'y tiennent.

L'inexplicable repli des confédérations syndicales

Au sein des prud'hommes, on s'explique mal la paralysie des confédérations, car si le nombre des conseillers est réduit elles perdront l'argent qu'elles reçoivent pour mettre en place les formations. Pactole d'autant plus intéressant qu'une bonne partie ne va pas dans des actions de formation et emprunte des circuits opaques pour des destinations inconnues, comme nous l'avons vu avec Jean-Claude Lam, ex-directeur d'un institut de formation aux prud'hommes. « On me demande d'inscrire des noms sur des tableaux de formation pour des conseillers prud'homaux qui ne sont même pas convoqués et qui ignorent qu'ils suivent la formation en question », nous confirme le juge prud'homal d'une grande centrale.

Du côté des confédérations, on traite ces confidences sur les formations par le mépris. Il s'agirait de mauvaises rumeurs, persistantes, certes, mais fausses. Rumeurs dont l'intention reste tout de même difficilement explicable dans la mesure où ceux qui les soufflent disent que ces pratiques ont lieu au sein de leur propre syndicat. Masochisme ? Jeu idiot ? Il faudrait donc croire que des syndicalistes suffisamment investis pour assurer une responsabilité de juge prud'homal sont inconséquents et assez stupides pour s'amuser au dépens de leur organisation. Les conseils prud'homaux seraient-ils peuplés de grands enfants qui ne font vraiment pas honneur à leur fonction ?

Comment expliquer l'absence de réaction des confédérations devant le risque que le pactole syndical soit rogné par les projets gouvernementaux ? Au moment où se profile une mesure de remise à plat du financement des syndicats et un régime de transparence, cette manne n'est peut-être plus vraiment à l'ordre du jour. L'encadrement législatif de leur financement qui s'annonce imposera la certification de la comptabilité des syndicats, voire officiellement sa transparence, c'est-à-dire la certitude que les budgets sont réellement affectés à leur destination légale. Traduction : le moment n'est plus très loin où le formidable trésor accordé aux organisations syndicales au titre de la formation devra être effectivement consacré à... la formation. Ce qui le rendra beaucoup moins attractif. Reste à savoir, en outre, si le montant des subventions pour la formation restera adossé aux élections prud'homales ou s'il sera assis sur un système d'adhésions obligatoires. Mais, pour l'heure, ces élections ne déterminent pas seulement le financement des « formations »...

En effet, ce sont aussi les élections prud'homales qui servent de repère pour faire l'évaluation de la représentativité des organisations syndicales. Cette fameuse représentativité sur laquelle les pouvoirs publics se fondent en grande partie pour attribuer les financements officiels[1]. La paralysie des syndicats devant la volonté de réduire les moyens de la prud'homie devient alors encore plus énigmatique. En fait, on s'en étonne moins si l'on songe que la réduction du nombre de conseils de prud'hommes ou de sièges ne changera rien au calcul de la représentativité des syndicats qui est uniquement fondée sur la *proportion* des voix obtenues par chacun aux élections prud'homales. Un pourcentage reste un pourcentage, quel que soit le nombre global des conseillers. De plus, on sait que les confédérations ne verraient pas forcément d'un mauvais œil la disparition des élections prud'homales au profit d'un système similaire à celui de la Sécurité sociale dans lequel elles désigneraient elles-

1. Les élections prud'homales ont lieu tous les six ans. En 2002, la CGT est arrivée en tête avec 32,1 % des voix. La CFDT a obtenu 25,2 % ; FO, 18,2 % ; la CFTC, 9,6 % ; la CFE-CGC, 7 % ; l'UNSA, 5 % ; Sud-Solidaires, 1,5 %.

mêmes leurs représentants aux prud'hommes. Certes, ce système contribuerait à les éloigner encore un peu plus des salariés, mais il renforcerait le pouvoir des appareils sur les personnes qui siègent dans les conseils de prud'hommes, ce qui ne leur déplairait sans doute pas, ne serait-ce que pour mieux s'assurer de leur fidélité quand il faudra « dialoguer » à propos d'autres réformes. Les directions des organisations syndicales et les directions d'entreprise peuvent difficilement souhaiter mieux. Tout deviendrait éminemment négociable, même les orientations de la justice civile. Adieu les dernières « brebis galeuses » faisant valoir leurs droits en s'appuyant sur leurs centrales syndicales embarrassées et sur les prud'hommes ! Adieu les bases incontrôlables qui font trembler les sommets et les contraignent à s'amputer de leurs militants les plus actifs !

La discrétion des confédérations déconcerte encore plus quand on songe à la vivacité des débats suscités en 2006 au sein de l'Assemblée nationale quand le gouvernement avait pour la première fois avancé cette idée de réforme. Il est vrai, la grande presse n'y a guère prêté attention. C'était alors sous la forme d'un projet de loi, lequel fut finalement refusé par les députés. Mais le gouvernement réintroduisit ce projet peu de temps après, début novembre 2006, sous la forme d'un amendement glissé entre les articles 29 et 30 de la loi pour le développement de la participation et de l'actionnariat. Les sénateurs socialistes et communistes, sérieusement inquiets, s'y sont opposés et ont jugé bon d'inviter le gouvernement à s'engager dans un vrai dialogue social. Jean-Pierre Godefroy, sénateur PS de la Manche, résuma alors courtoisement les enjeux devant ses pairs : « Cette tentative de réforme n'a pas un objectif purement économique. Il est malheureusement connu qu'une frange du patronat nourrit une vive antipathie à l'égard des prud'hommes. Ceux-ci ont, en effet, le tort de faire appliquer le droit et donc, souvent, de rétablir dans leurs droits les salariés victimes d'abus. (...) Les assouplissements en matière de procédure de licenciement, le recours de plus en plus fréquent aux contrats précaires réduisent à tel point les droits des salariés qu'ils réduisent également les possibilités de recours. Quant à la prestation de services, elle ne relève pas de la compétence des prud'hommes, ce qui n'est pas le moindre de ses mérites pour certains employeurs !

« Fort heureusement, l'activité des conseils de prud' hommes n'est pas encore asséchée. Elle est même tout à fait indispensable. Il faut rendre hommage à la sagesse de ces juridictions spécifiques et au travail remarquable qu'accomplissent les conseillers, employeurs et salariés. Il est donc très important de maintenir leurs capacités de travail. C'est pourquoi, allant dans le même sens que l'Assemblée nationale, nous voterons contre cet amendement. À cet égard, nous nous étonnons que, par ce biais, le gouvernement revienne sur une volonté exprimée par les députés ! »

Ce jour-là, le 9 novembre 2006, malgré la mobilisation des groupes socialiste et communiste, l'amendement fut adopté. Mais il vaut la peine de rapporter ici une partie des vifs échanges entre les sénateurs, particulièrement éclairants. Guy Fischer, sénateur communiste du Rhône, enfonce le clou : « Notre collègue Jean-Pierre Godefroy a excellemment expliqué par quel stratagème la majorité tente de faire adopter un amendement inspiré par le gouvernement. Cette réforme à marche forcée de la prud' homie ne nous étonne pas. Elle est tout à fait dans l'esprit de ces deux jours de débats. Elle illustre la volonté constante du patronat et du gouvernement de remettre en cause et de rogner, rogner, rogner encore les droits des travailleurs et les conventions collectives. Nous sommes fort étonnés que ce coup de force ait lieu aujourd'hui dans notre enceinte. Nous pensions, en effet, que la réforme de la prud'homie devait faire l'objet de négociations et d'un consensus. Nous ne pouvons que nous opposer à un tel coup de force contre les juridictions paritaires que sont les conseils de prud'hommes, car c'est bien de cela qu'il s'agit. » Les applaudissements et les cris d'approbation retentirent dans les travées du groupe socialiste.

Gérard Larcher, ministre du Travail, tente de soutenir qu'il y a eu un dialogue social préalable, ce qui lui vaut une bordée de réprobations. « On veut bâillonner la prud'homie ! » lance Guy Fischer. « L'UMP et le gouvernement sont sans scrupules et plein d'astuces et de perversités pour porter les mauvais coups ! On voit transparaître toute la haine qu'ils ont pour les salariés », s'insurge à son tour François Marc, le sénateur PS du Finistère, une fois l'amendement finalement adopté.

La montée des jeunes syndicats

L'ironie de l'histoire face à l'inertie des grandes centrales syndicales pourrait venir de la place imprévue que la réduction du nombre de conseils de prud'hommes offrira aux syndicats encore minoritaires, comme l'UNSA et Sud-Solidaires, au moment des élections prud'homales, à la fin de l'année 2008. Annick Coupé, une des principales responsables de Sud-Solidaires, y voit une opportunité pour son organisation. En décembre 2002, ce syndicat présentait pour la première fois des listes et, malgré des effectifs encore « faibles », a réussi à présenter 2 500 candidats et à faire élire 52 conseillers. Soit 5,73 % des élus, là où ses listes ont été présentées (ou 1,5 % à l'échelle nationale) ; ce qui était déjà une belle performance. Mais pour les élections de 2008, le syndicat pourra être en mesure de tripler ce chiffre en profitant non seulement de son expansion, mais aussi de la nouvelle carte. L'UNSA y voit aussi une opportunité, ce qui n'empêche pas les deux syndicats de lutter bec et ongles contre la réforme de Rachida Dati et pour un renforcement des moyens des prud'hommes.

À la mi-novembre 2007, en pleine grève des cheminots et de la fonction publique, la ministre de la Justice annonça finalement la fermeture de 63 conseils de prud'hommes et chargea les préfets d'enregistrer les réactions dans les départements. Fatalement, les médias n'accordèrent pas une grande attention à la nouvelle, comme s'ils n'avaient pas saisi quels étaient les enjeux de ce dossier. Au sein des rédactions, les journalistes susceptibles de couvrir ce volet social furent pris de court, focalisés qu'ils étaient chaque jour sur la question de savoir si la grève des transports allait se poursuivre le lendemain et pressés par la nécessité de faire écho aux prises de parole des leaders syndicaux et des hommes politiques. Le gouvernement va vite, Nicolas Sarkozy fait courir ses ministres, il l'avait promis durant la campagne présidentielle, les débats n'ont pas le temps, ou à peine, de prendre forme : le dépistage ADN et la réforme des régimes spéciaux de retraite occupent presque toute la place dans l'actualité, l'économiste Jacques Marseille qui milite pour leur disparition est omniprésent sur les radios et les chaînes de télévision. Et les leaders syndicaux, largement invités sur les plateaux, n'ont pas un mot non plus pour ces tribunaux dont dépendent les droits des salariés.

Désormais, de nombreux plaignants devront faire des centaines de kilomètres pour défendre leurs droits. Partout en France, les magistrats s'accordent à en conclure qu'un grand nombre de personnes en situation précaire préféreront choisir le diktat de leur employeur. « Beaucoup ne viennent que si nous les accompagnons, et à condition de les aider à remplir les formulaires. Avec les nouvelles distances, il sera plus difficile de les accompagner et ceux-là n'iront pas », explique un juge cédétiste de Rouen. Pour ne donner qu'un exemple, ceux qui habitent dans la région de Château-Thierry n'auront plus dorénavant d'autre choix que de passer trois heures sur les routes pour se rendre au tribunal de Soissons, ou de prendre le train pour Paris et, de là, d'en prendre un autre pour joindre la ville au célèbre vase qu'on préféra briser pour... rendre la justice.

Nous avons contacté les confédérations pour qu'elles expliquent leur retrait. Manifestement, pour elles, la logique de la négociation a pris une place exclusive. Au siège de FO, Andrée Thomas, secrétaire confédérale au service juridique de FO, après quelques hésitations, trouve ses mots : « On ne peut pas dire que nous ne nous engageons pas nationalement. C'est faux. Il y a que nous n'avons pas d'interlocuteur national des pouvoirs publics sur cette question, puisqu'il n'y a eu aucune concertation préalable. » Autrement dit, on laisse les conseillers prud'homaux se débrouiller eux-mêmes.

Le siège de la CFDT nous a finalement répondu, après que nous l'avons littéralement harcelé pendant des jours. C'est Didier Cauchois, du service juridique de la CFDT, qui nous a donné le point de vue de la confédération : « Nous, à la base, on est pour la réforme, dans l'esprit qu'elle présuppose. Il y a des choses à affiner, bien sûr. Il y a des endroits, localement, où la proximité de certains conseils, le nombre d'affaires traitées. On voit bien que ce n'est pas gérable. Mais on a un raisonnement pour faire avancer cela. En même temps, il y a des endroits où l'on dit : attention, là, il ne faut pas toucher. On espère les faire bouger. Je crois qu'avec nos collègues des autres organisations, on est quand même confiants. Même si, au regard de nos derniers échanges avec le gouvernement, on est un peu tendus dans nos rapports. On est confiants parce qu'on touche à une institution qui est très appréciée des salariés, qui marche bien, à laquelle les justiciables sont attachés. Toutes les organisations syndicales ont envie qu'on garde une juridiction prud'homale de qualité et on va se battre pour ça. » Soyons tout à fait francs : cette explication ne nous donne pas l'impression que la CFDT est vraiment prête à se donner les moyens de ce combat.

À la CGT, Alain Renault, conseiller de Bernard Thibault, reconnaît qu'il y a un problème : « C'est vrai que certains ont le sentiment que nous ne sommes pas assez dynamiques. Je pense notamment à nos amis de la Seine-Saint-Denis. Mais bon, ce n'est pas la majorité. D'ailleurs, nous sommes sur la même longueur d'ondes que les autres organisations syndicales sur ce dossier. Notre protestation est unitaire. » Protestation ou torpeur unitaire ? Le conseiller n'explique pas l'inaction de la confédération et critique plutôt la base, voire les conseillers prud'homaux eux-mêmes : « Et puis, on ne parvient pas facilement à mobiliser les syndicats sur cette question. C'est dur, vous savez, de mobiliser sur les prud'hommes. Le public pense que c'est une affaire entre techniciens, et il ne s'en préoccupe que lorsqu'il en a besoin. »

Les conseillers prud'homaux resteront donc seuls face au gouvernement, sauf si ce dernier demande lui-même aux confédérations de participer à une négociation. Incroyable. Mais pourquoi négocierait-il avec des centrales qui ne l'obligent pas à le faire ?

Chapitre XIV

Les guerres intestines

En commençant cette enquête, nous étions loin d'imaginer que la situation allait nous conduire à dresser un état des lieux aussi noir. Nous espérions trouver des éléments montrant que les fédérations ou les confédérations syndicales restaient le plus souvent fiables derrière leurs arrangements avec leurs financeurs. Aujourd'hui, ce que nous éprouvons n'est pas de l'ordre de la déception, mais plutôt de la consternation. Le syndicalisme tel que les confédérations le développent est dans une situation désespérante.

Partout la même gangrène, c'est-à-dire les mêmes systèmes de financement et d'asservissement. Si nous n'avions pas trouvé quelques syndicalistes résistant aux pressions, aux procédés d'usure et aux alléchantes propositions des directions, ce tour d'horizon nous aurait plongés dans un pessimisme définitif. Ces syndicalistes-là apparaissent d'autant plus improbables et méritants qu'ils doivent non seulement résister aux intimidations de l'employeur, souvent épuisantes, mais aussi aux pressions, voire au chantage de leur propre hiérarchie syndicale. Cette forme de résistance, n'ayons pas peur des mots, confine dans certains cas à l'héroïsme quand, en sus, il faut faire face au harcèlement juridique, aux retenues de salaire, à l'isolement... D'autant qu'il est bien difficile de se vivre comme un héros au quotidien, compte tenu des difficultés matérielles et psychologiques qui finissent par peser sur la vie conjugale ou l'ambiance familiale. Il n'est pas rare que les proches craquent avant les militants syndicaux qui sont en première ligne.

On sait combien l'adversité, au fil des années, peut user les délégués et les soumettre à la tentation d'accepter des compensations en échange d'un peu de repos et de reconnaissance des permanents. Dans ces conditions, il est juste de parler d'héroïsme au quotidien pour qualifier la résistance inébranlable de certains, qui refusent jusqu'au bout de se soumettre à des pratiques détestables.

Ceux-là, malgré un fréquent isolement, sont plus nombreux qu'il y paraît. On a même vu qu'ils sont parfois majoritaires au sein d'une même entreprise, alors que le syndicat leur substitue une équipe plus obéissante. Ces guerres intestines, souvent relayées par des luttes fratricides entre syndicats, donnent lieu à des hémorragies qui méritent mieux que le silence dont on les couvre généralement. Ce mal endogène impose un examen à la loupe, au plus près du terrain, car son enjeu est fondamental : il s'agit de l'avenir du syndicalisme indépendant.

Observons dans le détail le groupe que nous connaissons le mieux : la vieille Compagnie générale des eaux, dont nous avons été les observateurs directs au sein de Force ouvrière et de la CGT.

L'un des trois auteurs de ce livre, Christophe Mongermont, est secrétaire général des syndicats FO des différentes sociétés de la compagnie se partageant le secteur de l'eau (rebaptisée successivement Vivendi puis Veolia Eau). Pour retracer les événements dont il a été l'acteur et le témoin, commençons par lui donner la parole : « En 1998, je postulais au poste de secrétaire général des syndicats FO de la CGE. Le syndicat Force ouvrière était alors la troisième force syndicale du groupe. J'étais connu en tant que délégué syndical sur la région Bretagne et l'on m'avait appris que l'éventualité de mon arrivée suscitait quelques craintes. La corvéabilité n'était pas, en effet, ma marque de fabrique. J'avais même laissé un mauvais souvenir à l'établissement Bretagne de la CGE, en faisant condamner une violation des droits du comité d'établissement et en obtenant auprès des tribunaux la suspension de l'accord des 35 heures sur la région. Les salariés de la CGE travaillant 36 heures par semaine depuis 1984, l'effort pouvait sembler minime, mais la méthode était contestable : avec la signature de la CFDT, la direction avait obtenu une baisse de rémunération de l'ensemble des salariés, alors que les dirigeants du groupe s'accordaient des salaires extravagants. Par ailleurs, les salariés n'avaient pas été consultés dans les règles légales, la direction n'ayant ni informé ni consulté le CE. Je m'étais ainsi retrouvé au centre d'une polémique nationale. »

La presse reprenait les déclarations de la direction du groupe qui faisait appel, en affirmant que ce premier jugement serait annulé sans difficulté. La cour d'appel de Rennes confirma pourtant la condamnation. L'employeur saisit alors la Cour de cassation qui le débouta de toutes ses demandes et confirma le jugement. Pour le groupe, le précédent était grave : cette décision judiciaire montrait qu'un syndicaliste opiniâtre pouvait vaincre un mastodonte multinational. Un journal national avait même présenté cette victoire en déclarant : « David a vaincu Goliath ! » Nous [les auteurs] avons appris que la direction du groupe avait aussitôt invité des représentants nationaux de FO autour d'une bonne table pour fixer une stratégie afin de faire échouer l'élection de Christophe Mongermont au poste de secrétaire général dans différents syndicats FO. Pour y parvenir, la direction proposait de mettre à leur disposition tous les moyens nécessaires. Les dirigeants s'immisçaient ici dans le fonctionnement de FO. Il fallut donc que Christophe Mongermont livre bataille au sein même de son syndicat. Ils échouèrent malgré leurs efforts et leurs relais. Une majorité de voix confia à Christophe Mongermont le poste de secrétaire général de l'ensemble des syndicats FO des sociétés de distribution d'eau du groupe. Naturellement, plusieurs représentants de FO furent contraints de se retirer. Du même coup, la direction allait devoir affronter une base syndicale sortie de sa léthargie.

Dans les autres organisations, faute de renouvellement des équipes, les dissensions restèrent internes mais prirent parfois un tour redoutable. À la CGE, une ambiance étonnante régnait autour du nouveau P-DG, J.-M. Messier. À coups d'habiles concentrations, il réduisait par centaines le nombre des délégués du personnel sans qu'aucun syndicat ne s'y oppose, sauf FO et son nouveau secrétariat général.

Jean-Luc Touly, syndicaliste à la CGT (lui aussi coauteur de ce livre), apporte également ses observations de l'intérieur : « On n'avait jamais vu une telle unanimité dans le sacrifice. La chanson n'était plus : “Déshabillez-moi, oui, mais pas trop vite...”, mais carrément : “Amputez-moi, tout de suite”, ou “Fais-moi mal, Johnny” ! Ce masochisme exacerbé était inexplicable. Il ne me semblait pas possible de le réduire à un simple ensorcellement médiatique, même s'il était vrai que la presse prêtait alors à J.-M. Messier un charisme exceptionnel et saluait son succès auprès des actionnaires. » En signant son projet de restructuration, les syndicalistes acceptaient de dynamiter 42 comités d'entreprise et de supprimer 500 représentants du personnel, 150 délégués syndicaux, des dizaines de CHSCT... Comment Messier parvenait-il à exercer une telle emprise sur les syndicalistes ? Ce projet de constituer ce qu'on appelle une UES (Unité économique et sociale) dans le jargon des restructurations aboutissait exactement à l'opposé de ce qu'une telle organisation est censée garantir pour l'ensemble des salariés. Un petit détour par le droit s'avère instructif : la jurisprudence assigne en effet à la mise en place d'une UES l'objectif de créer des instances représentatives ou de nommer des délégués syndicaux. L'accord des syndicats était d'autant plus déroutant que leur première réaction fut de refuser unanimement ce projet d'UES. Quelques mois plus tard, tous les syndicats acceptaient cette restructuration incroyable, sauf FO. Ils critiquèrent certes les conséquences désastreuses de cet accord, mais ils ne firent rien concrètement pour que ce projet soit supprimé et n'engagèrent aucune action juridique, limitant leur refus à une résistance de façade. Le procédé est connu des syndicalistes : il permet de préserver sur le terrain un double langage. La direction, habituée aux coups de gueule sans lendemain, était quiète.

Hypnose collective ou narcose ? En relisant aujourd'hui les déclarations de la direction, on n'y trouve rien qui laisse entrevoir ce qu'elles pouvaient avoir d'envoûtant pour un syndicaliste. On découvrit bientôt que l'accord avait été rapidement obtenu en écartant FO des négociations. Le P-DG s'était assuré la collaboration de plusieurs représentants nationaux. L'homme s'en était vanté, d'autres parlèrent. Quelles concessions les centrales avaient-elles obtenues en échange ? L'histoire ne le dit pas.

Plus largement, un vaste système de cadeaux et d'avantages offerts aux délégués contribuait depuis longtemps à maintenir la « paix sociale » dans le groupe[1]. Le « sortilège » tenait en grande partie à un étonnant système de distribution de primes « exceptionnelles », d'un montant parfois exubérant. Sous la présidence du nouveau P-DG, les primes sont devenues une véritable rémunération parallèle, permettant à certains délégués de doubler leurs salaires tout au long de l'année. Les critères fixant le niveau de ces primes et le choix de leurs bénéficiaires restent obscurs. D'autant que ces rémunérations obéissent elles-mêmes à une notation décidée par... les permanents syndicaux. Pratique en complète contradiction avec les règles conventionnelles applicables à l'ensemble des salariés.

Autre curiosité : un syndicaliste passant délégué syndical central se voit gratifié au minimum de dix-huit ans d'ancienneté, voire trente ans pour ce qui concerne la prime de productivité, qui représente en moyenne 30 % de la rémunération annuelle. C'est ainsi près de 10 000 euros de prime par an qui tombent en plus sur son compte. Certains syndicalistes doublent même le montant de leur salaire annuel.

À ces libéralités s'ajoutent des avantages offerts aux parents qui travaillent dans l'entreprise, des cadeaux de téléphones portables aux délégués, assortis d'un abonnement illimité, des indemnités de logement, de chauffage,

---

1. Aveux de responsables cégétistes lors du procès qui nous a opposés à la CGT à propos d'un précédent livre : Roger Lenglet et Jean-Luc Touly, *L'Eau des multinationales. Les vérités inavouables,* Paris, Fayard, 2006.

d'eau et de gaz, les bons repas arrosés... Sans oublier les retraites agrémentées d'extraordinaires « indemnités transactionnelles ».

L'aménité extraordinaire des syndicalistes du groupe trouve-t-elle là sa source ? Les intéressés jurent que non et affirment que tous ces avantages sont une « tradition ». Dans un tel contexte, résister devient plus difficile. Certains se laisseraient enivrer à moins, et se sentiraient même un peu redevables. En l'occurrence, plaignons plutôt les victimes de cette générosité qui les place dans une situation de conflit d'intérêt qui n'est pas exactement celle qu'on est en droit de souhaiter pour un syndicalisme indépendant.

Certes, les dirigeants du groupe présentent les choses avec une hauteur de vue qui transcende tous ces détails. « Le dialogue social a permis de maintenir un contact permanent entre la direction et les partenaires sociaux. » Heureuse formule, que l'on retrouve dans la bouche des syndicalistes concernés.

Comment comprendre que Gérard Ivora, le délégué central du syndicat UNSA, ait pu bénéficier, par exemple, d'un forfait mensuel d'heures supplémentaires de plus de 500 euros (alors que le forfait d'heures supplémentaires est illicite) quand, dans le même temps, l'accord des 35 heures appliqué dans les entreprises du groupe supprimait le paiement de telles heures pour tous les salariés ? Certains de ces représentants du personnel se faisaient payer en espèces, sans charge effective et sans aucun justificatif, des sommes importantes à chaque négociation nationale. *A priori*, un tel système peut sembler très coûteux. Mais ce système de « rémunération vertueuse » a sans nul doute contribué à l'« esprit de dialogue » et de « compréhension » vanté par les syndicats. Et puis, il est vrai que ces rémunérations ne concernent finalement qu'une quarantaine de personnes, ce qui représente une goutte d'eau au regard de la masse salariale de la compagnie. Les augmentations du prix de l'eau qui obéissent elles-mêmes à des calculs très opaques font le reste.

Avec la chute du « grand timonier » de la CGE (devenue alors Vivendi), les rangs de FO ont grossi. On peut comprendre les salariés qui les ont rejoints : l'équipe de FO, avec ses nouveaux militants qui épluchaient les comptes du groupe avec plus d'attention que les actionnaires eux-mêmes, était la seule à alerter de la fragilité des équilibres financiers. La seule aussi à publier des tracts appelant les salariés à se méfier des participations dans lesquelles les autres syndicats les invitaient à investir (certains perdraient beaucoup d'argent après la terrible dégringolade des cours). La seule à soutenir, noir sur blanc, que le groupe allait droit à la catastrophe, pendant qu'on les qualifiait de fous. La seule, enfin, à s'opposer au « parachute doré » qu'accordait la direction à Jean-Marie Messier pour son départ : soit 20,5 millions d'euros auxquels devaient s'ajouter ses stock-options estimés à 500 000 actions. Des titres représentant tout de même un cours boursier autour de 30 millions d'euros... Alors que l'opinion publique et les observateurs spécialisés se scandalisaient du montant des indemnités et des stock-options qui attendaient le P-DG après son limogeage, les syndicats refusaient qu'on gèle ces fonds, malgré une plainte des petits actionnaires contre le P-DG demandant une indemnisation et une contribution au renflouement de la dette laissée à la branche Eau du groupe. Petits actionnaires qui comptaient une partie des salariés ayant investi avec la bénédiction des syndicats ! Ils étaient tout de même 162 000 salariés à détenir un plan d'épargne groupe (PEG) composé des seules actions Vivendi, lesquelles continuaient encore de grimper en mars 2002. En ce même mois, le cahier des actionnaires salariés de Vivendi saluait toujours le développement de l'actionnariat de son personnel. Mais le propos faussement enthousiaste cachait déjà la chute des actions. Bientôt, la valeur du titre serait divisée par cinq.

Le silence de l'Association des salariés actionnaires de Vivendi (ADSAV), formée en juillet 2000, n'était pas ordinaire et frappait les observateurs financiers. S'étonnera-t-on d'apprendre que cette association avait été montée par... les organisations syndicales ? Seul le secrétariat général de FO, encore lui, réagit en créant une autre association (AdisavGV) et en annonçant qu'il allait s'associer à la plainte déposée en juillet 2003 par l'Association des petits porteurs d'actifs (Appac). Autre exception à signaler : le refus de la CGT-CGE d'Île-de-France d'adopter l'étrange mansuétude des autres organisations déboucha sur une grave mise en cause du délégué de ce syndicat par ses instances nationales.

La chasse aux syndicalistes actifs

Malgré l'accord de restructuration signé par les autres syndicats, les militants de FO continuaient de résister toutes griffes dehors. Ils allèrent jusqu'en cassation pour contester la validité du projet d'UES. Douche glaciale le 7 mai 2002 pour la direction : la Cour de cassation donna finalement raison aux opposants.

Une telle décision judiciaire condamnait les dirigeants à jeter aux orties leur dossier, sauf si... les syndicats signataires remontaient eux-mêmes au créneau et saisissaient à leur tour la justice pour un nouveau tour de manège judiciaire ! Comme par enchantement, tous les syndicats, y compris la CGT, saisirent le tribunal d'instance de Paris afin de relancer la mise en œuvre du projet. Incroyable mais vrai. Alors que les salariés se félicitaient de la condamnation de la direction, leurs propres syndicats reprenaient le manche pour faire valider le projet[1] !

Pourquoi cet étrange revirement ? Comment expliquer que la CGT, qui prétendait s'opposer au projet,

---

1. En définitive, devant l'impossibilité de maintenir ce projet, la direction signa avec les délégués syndicaux centraux de nouveaux accords autour d'un deuxième projet d'UES.

s'associât en définitive à cette restructuration ? Il est difficile de ne pas envisager des hypothèses de transactions entre la CGT et la direction. Lesquelles transactions n'ont rien d'illégal si elles n'ont pas consisté à « acheter » le mandat de syndicalistes (qui, rappelons-le, n'appartient pas au mandaté mais à ceux qui l'ont élu ; l'« achat » de mandat syndical est assimilé par la justice à un abus de bien social). Rappelons qu'un accord peut se faire en échange d'une simple promesse de concession sur d'autres revendications. Promesse qui peut même ne pas être tenue le moment venu... Certes, un tel échange peut être critiqué, mais cela ne présuppose pas sa malhonnêteté. Nous résisterons aussi au raisonnement qui verrait une relation de cause à effet entre une publicité parue au même moment dans le journal de la CGT et payée 120 000 euros par le groupe. Une somme élevée. Le lien de ce versement au journal avec le revirement des cégétistes du groupe n'est pas démontré. Apporter la preuve d'un tel lien nécessiterait, pour être incontestable, une confession des intéressés. Mais ils la contestent fermement. Chassons donc cette idée, même si nous attendons toujours l'explication de la CGT.

Comme on pouvait s'y attendre, les dirigeants fort contrariés par la victoire des insurgés de FO décidèrent alors de « mettre le paquet » pour en finir avec eux. D'autant qu'au sein de la CGT et de la CFDT d'autres voix discordantes commençaient à s'élever, des militants entraient en résistance et dénonçaient la passivité de leur syndicat. Séductions individuelles, obstructions de toutes sortes aux activités des élus, soutien financier aux syndicats agissant contre leurs propres rebelles, la direction allait employer tous les moyens. Elle avait déjà proposé un marché attrayant à l'intraitable secrétaire général de FO : un détachement dans une structure interprofessionnelle sans limite de temps et payé par l'entreprise. « Cette promotion avait une contrepartie obligatoire et non négociable, nous explique Christophe Mongermont : en échange, je devais abandonner tous mes mandats syndicaux au sein des entreprises du groupe. Cette formule m'était élégamment proposée : on m'incitait à y voir "une compensation du coût de l'abandon de mes responsabilités syndicales dans l'entreprise". »

Après la découverte du gouffre financier laissé par JMM, le nombre des adhérents de FO a grimpé de 14 % sur trois ans. Aux élections du printemps 2007, le syndicat enregistra une progression à faire pâlir de jalousie les autres organisations. Popularité qui lui permit de faire basculer deux CE dans son giron [1].

Le phénomène présente un intérêt non négligeable au moment où l'on déplore de toutes parts la désyndicalisation des Français : quand un syndicat se réveille et apporte les preuves de son engagement auprès des salariés, ces derniers y sont sensibles. Les succès spectaculaires d'autres organisations dans d'autres entreprises confirment ce diagnostic.

1. Les CE de Metz et de Montpellier.

En refusant la « carotte », l'équipe de FO allait devoir affronter un véritable tir de barrage : procès en cascade, entraves systématiques aux activités de ses représentants dans l'ensemble du groupe, manœuvres de dénigrement... La direction prit même la responsabilité, en toute illégalité, d'empêcher les délégations syndicales de FO de participer à toutes les réunions de négociation, y compris physiquement en payant des agents de sécurité pour leur interdire l'accès aux salles de réunion... Les syndicalistes prirent alors la décision de ne plus y participer pour éviter les provocations physiques !

Face aux attaques incessantes du groupe et des organisations, les syndicalistes récalcitrants eurent à faire preuve d'une belle endurance. Ils durent d'abord perdre beaucoup de leur temps et de leur argent. « Vous ne tiendrez pas, vous n'aurez pas les moyens de tenir financièrement, c'est une question de quelques mois », lança un jour l'adjoint à la direction des ressources humaines, à la sortie d'une réunion, rapporte un témoin.

La direction a d'abord saisi une vingtaine de tribunaux d'instance pour demander la révocation judiciaire de tous les mandats des délégués syndicaux FO, pourtant régulièrement désignés au sein des sociétés du groupe. Tous ces tribunaux la débouteraient de ses demandes et leurs conclusions seraient confirmées en appel. Mais la guerre des nerfs était lancée. De son côté, Jean-Luc Touly, élu cégétiste et juge aux prud'hommes pour la CGT, jugé lui aussi trop actif et critique, dut affronter de multiples tentatives d'exclusion lancées par les responsables de la CGT fidèles à l'employeur. Au passage, ces derniers attaquèrent en diffamation un livre où nous dénoncions en détail les cadeaux qu'ils acceptaient[1]. Un des leaders confédéraux, Bernard Sincy, intervint en personne pour leur demander d'éviter que cette guerre soit portée jusque devant les tribunaux. Il ne parvint pas à les calmer mais ils perdirent leur procès.

En 2003, on compterait plus de 80 procédures et des centaines d'accusations juridiques lancées par l'entreprise contre les syndicalistes de FO. Une aubaine pour les avocats du groupe. Chaque dossier défendu étant facturé au bas mot entre 3 000 et 3 500 euros, un calcul simple montre que les actions en justice leur ont permis d'engranger des centaines de milliers d'euros d'honoraires sur les seules procédures lancées contre FO entre 2001 et 2003, augmentés du remboursement des frais d'avocats que la direction payait au « bon syndicat » qui attaquait aussi les militants. En effet, une note du mois de septembre 2002, signée d'un responsable syndical de la CFDT, illustre cette pratique étonnante qui voit le délégué syndical adresser la facture de son avocat à la direction de l'entreprise en lui demandant de la payer, avec un « Bien à vous », à l'attention de la DRH nationale. Près de 9 000 euros pour trois mois d'honoraires et pour un seul syndicat ! La brièveté du mot qui

1. Roger Lenglet et Jean-Luc Touly, *L'Eau des multinationales*, *op. cit.*

accompagne la facture laisse supposer que cette demande de prise en charge n'est pas exceptionnelle.

Rente de situation, tribunaux encombrés par ce fonds de commerce, juges perdant leur temps précieux à débouter des centaines d'accusations... De plus en plus de juges estiment que les syndicats devraient remettre un peu d'ordre dans leurs pratiques avant de solliciter la justice, et ne manquent pas de le dire lors des procès. Question subsidiaire : ce genre d'acharnement judiciaire qui ponctionne le budget de l'entreprise est-il remboursé sur les bénéfices des actionnaires et des dirigeants ? En tout état de cause, il ne contribuera pas à faire baisser la facture des usagers.

Les inspecteurs du travail ont unanimement donné gain de cause aux syndicalistes harcelés et ont mis en demeure les sociétés du groupe Veolia-CGE de respecter l'exercice des mandats des délégués syndicaux. Malgré ces multiples avertissements, on a continué de multiplier les embûches pour empêcher les syndicalistes de FO de participer aux réunions de négociation sur les restructurations souhaitées par l'employeur.

Les syndicalistes de FO ont saisi le tribunal de grande instance de Nanterre qui, dans un jugement du 31 mai 2002, a condamné le groupe à 2 000 euros pour chaque manquement constaté à l'exercice de leurs mandats. À raison de plusieurs dizaines dc mandats syndicaux, la sanction pouvait rapidement atteindre des sommes vertigineuses. Cette menace a eu pour effet d'assouplir un peu la situation. Mais la direction n'a pas cessé pour autant d'accumuler les procédures judiciaires tendant à isoler les syndicalistes FO des salariés.

La compagnie a été le théâtre d'autres guerres intestines, qui posent le problème la part d'instrumentalisation des syndicalistes par une direction aguerrie et de la part de zèle de délégués sans doute soucieux de préserver leurs avantages. Ainsi, qu'est-ce qui peut motiver un délégué national CFDT pour qu'il écrive au directeur de son entreprise une lettre où il dénonce un militant de son propre syndicat qui conteste un accord ? La simple volonté d'imposer le sens de la hiérarchie ? Peut-être, mais ce conflit révèle en tout cas des rébellions au sein de la CFDT. Le syndicaliste contestataire, passablement échaudé, a démissionné deux jours plus tard.

Nous avons découvert bien d'autres pratiques qui mériteraient d'être décrites pour faire comprendre de quelles ressources dispose une direction d'entreprise pour calmer peu ou prou les syndicalistes. À titre d'illustration, notons que la direction du groupe s'appuie dans chaque région sur un représentant par organisation syndicale, lequel attribue les crédits d'heures de délégation et désigne les délégués syndicaux (ce que FO a refusé). Cette pratique antidémocratique permet de contenir les contestations au sein du syndicat, car le représentant « démissionné » ou exclu doit reprendre son travail et tourner la page.

Un jugement du tribunal de Nice offre une preuve vivante de ce système pervers. Le contentieux portait sur la désignation des membres de la délégation syndicale d'un établissement du Sud-Est. Un syndicat CFDT avait procédé à des désignations de délégués. La direction de la CGE et un permanent de la CFDT, M. Chetritt, demandèrent l'annulation de ces désignations, soutenant qu'il appartenait à ce dernier de procéder à celles-ci. Cette bataille entre cédétistes illustre l'atteinte portée aux règles démocratiques et l'instrumentalisation qu'on fait des désignations. Le juge conclut en ces termes : « Il n'appartenait pas à la CGE de prendre l'initiative de rejeter l'une des deux désignations qui lui avaient été soumises. »

C'est dans ce contexte que se multiplieront les tentatives pour licencier Christophe Mongermont. Les victoires juridiques et les multiples avis de maintien dans ses fonctions rendus par l'Inspection du travail firent échouer toutes ces procédures. Devant l'impossibilité de se débarrasser su syndicaliste FO par les voies légales communes, l'entreprise finit par contourner l'administration judiciaire et employer un moyen extraordinaire : elle demanda directement au ministre du Travail, Gérard Larcher, l'autorisation de le licencier. Le ministre demanda un nouveau rapport sur le syndicaliste avant de prendre sa décision. Le rapporteur, G. Mathel, de la Direction départementale du travail, s'opposa lui-même au licenciement, jugeant que l'attitude de Christophe Mongermont « était légitime et ne caractérisait en aucun cas un comportement fautif de nature à justifier son licenciement [1] ». Malgré tout, le ministre délivra finalement l'autorisation de le licencier ! Voilà qui a dû faire grandement plaisir aux dirigeants du groupe. Et surtout au directeur régional de la CGE, Michel Romestain, qui avait administré l'ensemble de la procédure depuis le début de l'année 2004. Étonnante coïncidence : au même moment, le même homme était condamné dans l'affaire des emplois fictifs du RPR à six mois de prison avec sursis par le tribunal de grande instance de Nanterre, pour avoir embauché de manière fictive Louise Yvonne Cassetta, trésorière du RPR, à 27 600 francs par mois au sein du groupe [2]. Le licenciement du syndicaliste, rendu possible par l'intervention directe du ministre, ne fut assorti, lui, d'aucune indemnité. « Le plus dur fut d'entendre ma femme pleurer, se souvient Christophe Mongermont . Elle était d'autant plus écœurée par l'injustice de cette décision qu'elle connaissait parfaitement les faits et la grande générosité de la direction envers les autres permanents syndicaux. »

Mais ce n'est pas tout. Ses trois collègues de FO, Patricia Gregory, Alain Bonnet et Sylvie Delabit, chargés de responsabilités syndicales nationales auprès de lui, subirent le même sort ! Les enquêtes aboutirent

---

1. Devant le refus des services du ministre de lui fournir ce rapport, Christophe Mongermont saisit la Cada (Commission d'accès aux documents administratifs). En 2007, il parvint ainsi à contraindre le ministère du Travail à lui communiquer ce fameux rapport.

2. Jugement de l'affaire n° 95-29902144.

au refus d'accorder les licenciements, pour les mêmes raisons que pour C. Mongermont, mais le ministre passa outre. L'inspectrice du travail, Mme Pocreau, avait pourtant été jusqu'à préciser dans son rapport que « la discrimination à l'encontre du syndicat FO semblait évidente ». Ces délégués syndicaux ont saisi la justice administrative pour être rétablis dans leurs droits.

Conclusion

Au moment où nous commençons à rédiger cette conclusion, un autre scandale attire notre attention, cette fois du côté de nos voisins allemands. Un procès explosif vient de mettre au jour un système de corruption de syndicalistes censés défendre les intérêts des salariés du premier constructeur automobile européen, Volkswagen. Toute la presse d'outre-Rhin a suivi les audiences qui ont gravement mis en cause la direction du groupe. Des syndicalistes soudoyés se sont succédé à la barre, jusqu'au début de l'année 2008, pour s'expliquer sur les dessous-de-table qu'ils avaient reçus, les villégiatures exotiques dans des palaces cinq étoiles et les remboursements de frais d'alcools et de prostitués dont ils avaient bénéficié. La cour de justice a fait apparaître que rien ne faisait reculer la direction pour corrompre les représentants du personnel. Dans le box des accusés, on pouvait reconnaître l'ancien président du comité d'entreprise de Volkswagen, Klaus Volkert, et un ex-chef du personnel, Klaus-Joachim Gebauer. Les plans de corruption semblent avoir été conçus et organisés en grande partie par le directeur des ressources humaines, Peter Harz, connu pour avoir inspiré la politique d'austérité lancée par l'ex-chancelier Schröder. Peter Harz avait déjà été condamné dans un précédent volet de l'affaire à deux ans de prison avec sursis et à 576 000 euros d'amende pour avoir discrètement versé 2,6 millions d'euros à des syndicalistes, pour maintenir la paix sociale.

Pendant un temps, la justice allemande s'est demandé si l'ex-président de Volkswagen et actuel président du conseil de surveillance, Ferdinand Piech, qui bénéficie accessoirement de l'aura d'être le petit-fils de Ferdinand Porsche, a couvert cette politique de corruption. Le procureur le soupçonne en effet d'avoir été informé dès la fin des années 1990, par le directeur financier de l'époque, de l'usage d'une caisse noire pour acheter des représentants syndicaux du CE. Mais Piech affirme qu'il ignorait absolument tout, malgré sa réputation d'avoir l'œil sur chaque détail de la gestion et les moindres actes des autres dirigeants. En février 2008, la cour a rendu son verdict : Ferdinand Piech ne serait pas poursuivi. En revanche, Klaus Volkert, qui avait perçu 2 millions d'euros, a été condamné pour corruption à deux ans et neuf mois de prison ferme. Klaus-Joachim Gebauer, a récolté un an de prison avec sursis pour avoir servi d'intermédiaire. Le procès a permis au passage de révéler que sa maîtresse avait perçu 400 000 euros de la part de l'entreprise, sans avoir pourtant fourni la moindre mission. Les corrompus sont ainsi beaucoup plus lourdement condamnés que les corrupteurs, comme c'est le cas en France dans toutes les affaires de pots-de-vin. Les avocats de la défense ont annoncé qu'ils feront appel.

Cette affaire rappelle à point nommé que la corruption des syndicats ne trouve pas sa seule source dans la faiblesse des cotisations. Le syndicalisme allemand se porte plutôt bien puisqu'il s'appuie sur un taux d'adhésions tournant autour de 30 % des salariés. Les syndicalistes qui se laissent corrompre ne le font donc pas pour compenser le manque de syndiqués. En d'autres termes, une réforme du financement des syndicats français, quelle qu'elle soit, ne mettra pas fin à ces pratiques. On le comprend aisément en adoptant le point de vue des employeurs qui y recourent : leur souci est d'obtenir une paix sociale au moindre coût et non de soutenir le syndicalisme. Il est toujours plus léger de corrompre quelques personnes que d'assumer les charges liées à des augmentations de salaire ou de meilleures conditions de travail, même si pourtant, dans la durée, des salariés satisfaits sont plus fidèles à leur entreprise et fournissent des prestations de plus grande qualité.

En ce sens, ce problème appelle des solutions qui relèvent clairement de la lutte contre la corruption ; c'est bel et bien en développant des mesures anti-corruption qu'on fera progresser les syndicats vers l'indépendance. Encore faut-il une réelle volonté politique et citoyenne.

Car miser sur la résolution d'autres problèmes, aussi importants soient-ils (le financement, la désyndicalisation ou la représentativité des organisations) pour espérer faire disparaître la corruption, comme si elle était un épiphénomène, risque fort de rester vain. Sans doute des synergies existent-elles entre ces différents aspects, mais elles ne doivent pas cacher la nécessité d'empêcher ces pratiques moralement condamnables.

Dégageons quelques principes que le législateur devrait porter. Le contrôle du patrimoine des syndicalistes serait certainement l'un des moyens les plus efficaces, à condition qu'il ne se résume pas à une autodéclaration. Si ce principe peut faire grincer des dents, qui peut en contester sérieusement la légitimité ? Bien sûr, il serait opportun de l'imposer à l'ensemble des acteurs politiques avec la même fermeté.

De même, l'obligation de transparence des comptes des organisations compliquerait les circuits de corruption (les syndicats allemands jouissent encore d'une opacité analogue à la nôtre). La certification de la comptabilité par des commissaires aux comptes ne saurait y suffire, contrairement à ce que certains leaders laissent croire. Tout d'abord, il serait essentiel que les commissaires en question obtiennent un statut public leur conférant une indépendance par rapport aux entreprises. C'est l'une des propositions d'Anticor, l'association de lutte contre la corruption parrainée par Éric Halphen et présidée par Séverine Tessier, qui a appelé, lors d'une conférence de presse organisée en 2007 devant l'Assemblée nationale, en plein scandale des caisses de l'UIMM, à une opération « mains propres » dans les relations patronat-syndicats. Ensuite, des contrôles réguliers par d'autres services devraient être imposés, car les corrupteurs aguerris ne se laissent pas intimider par le caractère sacré d'une corporation, aussi pénétrée soit-elle de sa mission et de l'intérêt général[1].

Autre mesure qui pourrait avantageusement être exigée : le renforcement des sanctions prévues à l'encontre de ceux qui s'adonnent aux pratiques de corruption, y compris les corrupteurs. Sans entrer ici dans le vaste débat de la gravité de la faute selon qu'on est l'instigateur ou l'objet de la sollicitation, les pénalités prévues ne sont manifestement pas dissuasives, surtout pour les dirigeants d'entreprise qui couvrent les dérives ou les initient.

Par ailleurs, l'affaire UIMM montre que, si l'on veut des garanties, ce n'est pas seulement l'opacité du financement des syndicats de salariés qui doit être combattue, mais aussi celle du Medef et de toutes ses branches. Que penser de la volonté de Laurence Parisot de « remettre à plat » les mandats nationaux de l'UIMM dans les directions des organismes sociaux ? Qu'elle n'est vraiment pas à la hauteur des nécessités... Tout d'abord, on s'étonne que cette aspiration ne s'intéresse qu'aux mandats nationaux. Ensuite, elle devrait toucher l'ensemble des parte-

1. Voir Roger Lenglet, *Profession corrupteur. La France de la corruption*, Paris, Jean-Claude Gawsewitch éditeur, 2007.

naires sociaux ayant des mandats, y compris les autres fédérations du Medef et les syndicats de salariés. Car, on l'a vu, les financements inavouables s'étendent bien au-delà des caisses fluidificatrices de l'UIMM ; il s'agit aujourd'hui d'un véritable sport national, les entreprises s'y adonnent abondamment dans les secteurs économiques les plus divers. Des dossiers nous arrivent encore de toutes les régions. Et des scandales ne cessent d'éclater, mettant en cause divers organismes paritaires, dont les caisses des intermittents du spectacle et celles de la formation professionnelle dont nous avons parlé, organismes dans lesquels les syndicats de salariés et les organisations patronales s'entendent fort bien, trop bien. D'ores et déjà, on peut prévoir que ce livre aura une suite, d'autant que le problème de la représentativité des syndicats et de leur financement est aujourd'hui devenu un chantier qui imposera un débat national.

Instruits par ce tour d'horizon édifiant, nous considérons avec une grande circonspection les interventions tonitruantes des chefs du Medef appelant à « mettre fin aux pratiques archaïques de l'UIMM ». Il est désormais clair que l'UIMM n'est pas la seule à y recourir. Ces déclarations sont si étroites qu'on peut douter de leur intention réelle. En d'autres termes, s'il y a bien une guerre contre les dirigeants de l'UIMM, tout laisse penser que Laurence Parisot et ses partisans exploitent ce scandale comme une opportunité historique de prendre l'ascendant sur la puissante branche métallurgique. Ce qui est certes de bonne guerre, mais l'ampleur du problème exige d'autres mesures. De plus, n'oublions pas que l'affaire de l'UIMM n'a pu éclater qu'avec l'aide initiale d'une grande banque soutenant la nouvelle présidente du Medef contre les représentants de la métallurgie. Rien ne laisse supposer que les autres branches du patronat sont déterminées à montrer une plus grande honnêteté et à rendre aux syndicats de salariés leur indépendance. Laurence Parisot voit-elle dans sa démarche un premier pas susceptible d'en permettre d'autres, plus grands ? Peu importe : la situation appelle des mesures et non des expectatives. Les salariés ne sauraient attendre le bon vouloir des entreprises du tertiaire pour assainir le fonctionnement des organisations qui défendent leurs intérêts.

Face à la désyndicalisation dramatique des salariés français, il est atterrant que les organisations syndicales se soient si facilement entêtées dans des pratiques malsaines et des arrangements douteux qui, tôt ou tard, devaient les enliser et mettre en péril leur faculté de réagir. Les leaders des confédérations avoueront-ils un jour leur impuissance à corriger cette évolution ? L'entretien que nous a accordé Alain Renault, conseiller de Bernard Thibault, à propos des pratiques qui touchent le secteur du nettoyage semble montrer les limites du pouvoir de la confédération sur les fédérations peu ou prou instrumentalisées par les employeurs. À moins que le scandale soit si grand que...

L'absence de contrôle a toujours été le facteur de dérive le plus puissant, quels que soient les secteurs où elle sévit, comme le montrent la plupart des affaires politico-financières. L'opacité instituée par la loi de 1884, loin de constituer une protection du syndicalisme contre la mainmise du patronat et de l'État, a rendu la tentation encore plus forte en éliminant les risques de sanction. L'argument de l'individualisation des salariés pour expliquer la crise du syndicalisme, on l'a vu, ne tient pas. La désyndicalisation paraît plutôt découler des effets pervers du système de perfusion qui ont éloigné les organisations du terrain quotidien des salariés.

Cette situation de pourrissement ne donne pas seulement lieu à une désaffection des salariés, mais à une instrumentalisation des syndicats par les entreprises et les gouvernements qui parviennent ainsi à obtenir une « paix sociale » à discrétion et des accords *a minima*, moyennant une éviction des syndicalistes qui refusent de plier. Rien ne justifie une aussi grande passivité des organisations syndicales et l'exclusion (ou la neutralisation) des syndicalistes actifs auxquelles elles procèdent un peu partout. Bien au contraire, le recul des acquis sociaux depuis deux décennies auraient dû libérer des forces de mobilisation importantes, susciter des adhésions syndicales en masse et enhardir les organisations. Or, si les mobilisations ont bien existé au cours des dernières décennies, c'est à travers des mouvements et des coordinations échappant aux syndicats traditionnels, qui n'ont souvent suivi ces mobilisations populaires qu'à reculons. De plus, les syndicats n'ont jamais affiché de si grandes dispositions à céder aux réformes libérales. Il n'est pas nécessaire d'être de gauche pour voir que les hémorragies de militants ont été à la mesure de ce désengagement, des stratégies illisibles, voire des oppositions aux luttes menées par les bases.

Les solutions à la crise du syndicalisme existent-elles ? Nos syndicats n'ignorent pas comment se débrouillent certains voisins européens, tout particulièrement les pays nordiques, qui ont mis en place des systèmes très performants et peu vulnérables à la corruption. La place des cotisations y reste capitale, comme elle peut le redevenir dans notre pays grâce à des incitations stimulantes. Sans forcément aller jusqu'à rendre l'adhésion obligatoire (laquelle, soit dit en passant, n'enlève rien à la liberté de choix si les critères de représentativité laissent à tous les syndicats naissants la possibilité d'entrer en concurrence), des possibilités intermédiaires existent : lier, par exemple, certains services syndicaux au paiement des cotisations, créer des incitations fiscales, redéfinir le statut des permanents et les ramener au plus près du terrain, revoir les relations de pouvoir entre les différentes instances syndicales (notamment mieux encadrer le parachutage de permanents dans les entreprises et leur fonction réelle), lancer des incitations plus fortes dans le secteur privé et surtout dans les branches désertées par les organisations... Autant de mesures qui, ajoutées au contrôle des comptes et à la clarification des sources financières, pourraient accroître l'exigence des salariés et leur vigilante implication – bref : relancer une culture syndicale à la base...

Autre versant qui laisse bien augurer de l'avenir, surtout si les syndicats ne réforment pas rapidement leur comportement : le droit. Associations citoyennes et jeunes syndicats ont acquis en France une culture juridique qui les rend plus prompts à saisir les tribunaux, qu'il s'agisse de la justice prud'homale ou de la justice de robe. Comme nous l'avons vu dans de nombreuses entreprises, les actions judiciaires pour discrimination syndicale se sont multipliées au cours des dernières décennies. Ainsi, une partie du combat que mènent aujourd'hui les syndicalistes les plus actifs s'est déplacée sur le terrain de la justice. Le monde agricole en a fourni une illustration en 2007 avec le dépôt de plaintes provenant de syndicalistes estimant que la FNSEA ne défendait pas leurs intérêts (voir plus haut, chapitre X). Ce glissement vers le judiciaire n'est pas anodin, il représente un réinvestissement citoyen dans un appareil d'État qui est sans doute une ultime chance de légitimation de l'autorité publique. Le tribunal, refuge du syndicalisme, du politique et du social, voilà un signe des temps qu'il n'est pas difficile de déchiffrer. Ce que nous n'obtenons plus des syndicats, nous allons le demander à l'avocat et au juge. Plus embêtant encore, bien des pratiques de financement ressemblent comme deux gouttes d'eau à ce que les tribunaux pourraient estimer être des abus de biens sociaux et des détournements...

La passivité des grandes organisations de salariés est aujourd'hui patente. Leur syndicalisme ressemble aujourd'hui à de l'abstraction lyrique, version sociale, dont le mot d'ordre est : chacun reste libre d'interpréter les attitudes de l'artiste comme il veut. Reprendre le travail sans même débuter un mouvement de grève, sans comprendre pourquoi les syndicats ont signé des accords décevants sans engager de véritable bras de fer est devenu une expérience syndicale banale pour les salariés. « Maintenant, pour comprendre, il ne faut plus chercher à trop comprendre », nous disait un salarié syndiqué à la CFDT ; paradoxe qui résume la « modernité » du syndicalisme. Le compromis fait office d'œuvre abstraite où le commentaire, cultivant le demi-mot, est roi. Ne cherchez plus à raisonner, laissez faire l'inspiration. Ceux qui ne sont pas d'accord n'ont rien compris, et gênent les professionnels.

De sorte qu'on écoute les déclarations des partenaires sociaux presque comme des nouvelles de la météo, en plus énigmatique. On ne modifie pas les intempéries ou le mauvais temps, on se calfeutre. Le monde s'impose, on ne le change plus. La philosophie des grands syndicats est devenue implicite : elle nous demande de nous faire une raison au sens le moins rationnel du mot, de nous convaincre gentiment que les décideurs font ce qu'ils peuvent, que ce n'est pas facile et qu'ils sont pragmatiques. On concède quelques jours de grève par an et quelques manifestations quasi rituelles pour laisser aux bases militantes et aux salariés les indispensables repères nostalgiques, les « traditions », pour qu'ils aient le sentiment d'exister encore un peu.

L'époque devrait être aux mobilisations syndicales les plus opiniâtres face au rapport de force imposé par le patronat et les gouvernements successifs qui, il faut bien le dire, n'ont pas été des garde-fous très efficaces pour limiter les dérives du libéralisme et de la dérégulation. Il est bien difficile de ne pas reconnaître des arguments puissants aux militants insatisfaits et aux syndiqués déçus des centrales : dégraissages massifs, délocalisations par milliers, régression de la protection sociale, redéfinition du droit du travail au profit des employeurs, réduction des conseils de prud'hommes et de leur fonctionnement, atteintes aux droits des salariés, privatisations accélérées, licenciements des délégués du personnel et des syndicalistes gênants, réduction des acquis sociaux corporation après corporation... L'effacement des syndicats est patent. Pour le moins, ces derniers n'incitent pas vraiment les salariés à durcir leurs luttes. « Nos syndicats sont en train de devenir des syndicats zombies ! » avons-nous entendu dans une réunion intersyndicale, dans les jours de crise qui ont suivi la signature de l'accord sur les retraites par le patron de la CFDT, François Chérèque. Zombies, c'est aussi l'adjectif employé à l'origine en Afrique pour désigner ceux qui sont touchés par la maladie du sommeil après avoir été piqués par la mouche tsé-tsé. Maladie qui résume assez bien, il faut bien l'avouer, l'évolution des grands syndicats depuis un demi-siècle en France. Quelle « mouche tsé-tsé » a donc piqué les grandes centrales françaises ? Comment ce qu'il faut bien appeler la paralysie des bureaux confédéraux a-t-il pu atteindre un tel degré ?

Certains leaders syndicaux dénoncent la « difficulté de mobiliser les travailleurs devenus plus fatalistes » et l'antienne « affaiblissement de la syndicalisation des salariés français », la navrante « progression de l'individualisme », pour ne pas parler de la « pénétration des idées libérales dans l'opinion publique ». Explications séduisantes, largement répandues, mais fort peu compatibles avec ce que l'on peut observer sur le terrain des conflits. En effet, le succès des jeunes syndicats qui se sont constitués sur une volonté farouche de défendre l'intérêt des salariés et de ne plus imposer aux militants de base des mots d'ordre réduisant l'intensité des luttes (Sud-Solidaires, tout particulièrement), tient très précisément à leur détermination à relancer un syndicalisme de lutte, dans lequel se retrouvent de nombreux salariés qui dénoncent explicitement la passivité des confédérations.

Si, ces dernières années, les grandes centrales ont développé une capacité à trouver des compromis de plus en plus rapides avec les organisations patronales et les gouvernements successifs, le public, lui, ne comprend pas comment on peut obtenir des « avancées satisfaisantes » en étant de plus en plus corvéable. Mais il est désormais convenu de parler de « culture du compromis » et de « syndicalisme de négociation » (certains préfèrent employer l'expression « syndicalisme d'accompagnement »), lequel serait porteur d'une modernité ou d'une rationalité quasi indiscutable. Évolution du discours, d'aucuns diront glissement, qui fait disparaître progressivement le recours aux rapports de force jadis clairement assumés. On a presque l'impression que les syndicalistes des anciennes générations étaient bornés, voire d'une intelligence très limitée, incapables d'analyser les arguments des employeurs. Une sorte d'esthétique de la communication très « tendance », pour ne pas dire une éthique de l'accord, est en passe de clôturer le discours contemporain sur le syndicalisme.

Nombreux sont ceux qui attribuent cette inflexion au principe historique général d'une « ambiance idéologique ». Mais donner ainsi une explication toute faite avant de procéder à un examen des pratiques concrètes, c'est manquer singulièrement d'objectivité ou de scientificité. Pour y prétendre, comme en tout domaine, il faut que la réalité soit approchée, observée, détaillée. Évidemment, cela demande du travail, de l'énergie et de la patience... Bref, une véritable volonté de savoir. On ne fait pas parler tous les phénomènes en un jour, les plus discrets étant souvent les plus déterminants. Tâche difficile, voire ingrate quand les sujets observés ont une furieuse tendance à fuir, à se cacher, à refouler, à nier ou à hurler au complot antisyndical. Heureusement, les faits sont têtus et certaines personnes ne pratiquent ni la dénégation ni la langue de bois ; elles ont même conservé une faculté d'indignation quasi intacte et refusent de céder à l'idée que changer l'eau du bain met en péril le bébé, surtout quand l'eau devient trop trouble.

Enfin, la clarté doit être impérativement faite aussi sur les moyens octroyés par les entreprises et l'État aux organisations patronales, lesquelles sont aussi des syndicats. Leur gestion – l'affaire de l'UIMM nous le rappelle avec force – doit obéir dans l'avenir à des obligations de transparence complète.

Bibliographie

Andre, Robert, *Le Syndicalisme enseignant et la recherche : clivages, usages, passages*, Grenoble, Presses universitaires de Grenoble, collection « La Politique en plus », 2004.

Alezart, Gérard *et al.*, *Faut-il réinventer le syndicalisme ?*, Paris, L'Archipel, 1997.

Alves de Seixas, Jacy, *Mémoire et oubli. Anarchisme et syndicalisme révolutionnaire au Brésil : mythe et histoire*, Paris, Maison des sciences de l'Homme, 1992.

Andolfatto, Dominique, *Histoire des syndicats (1906-2006)*, Paris, Le Seuil, 2006.

– et Labbé, Dominique, *Un demi-siècle de syndicalisme en France et dans l'Est*, Nancy, Presses universitaires de Nancy, 2000.

Andre, Philip, *Trade unionisme et syndicalisme*, Paris, Fernand Aubier, 1936.

Attali, Michaël, *Le Syndicalisme des enseignants d'éducation physique 1945-1981*, Paris, L'Harmattan, 2005.

Auger, Jean, *Syndicalisme des autres, syndicats d'Europe,* Paris, Éditions de l'Atelier,1989.

AYACHE, Albert, *Le Mouvement syndical au Maroc*, Paris, L'Harmattan, 2000.

BAUCHARD, Philippe et BRUZEK, Michel, *Le Syndicalisme à l'épreuve*, Paris, Robert Laffont, 1976.

BAUMARD, Maryline et BLANCHOT, Michel, *La Crise du syndicalisme*, Paris, Hatier, 1997.

BEAUCOUDRAY, Jean, *Syndicalisme d'hier et d'aujourd'hui*, Sauvegarde et promotions des métiers, 1969.

BERNIER, Colette, JOBERT, Annette, RAINBIRD, Helen et SAGLIO, Jean, *Formation, relations professionnelles et syndicalisme de la société-monde*, Paris, L'Harmattan, 2003.

BEROUD, Sophie, *Politiques du Syndicalisme, perspectives françaises*, Paris, Textuel, collection « La Discorde », 2007.

BESNARD, Pierre, *L'Éthique du syndicalisme*, Paris, CGT-SR, 1938.

BLANCHOT, Michel et BAUMARD, Maryline, *La Crise du syndicalisme*, Paris, Hatier, collection « Optiques histoire », 1993.

BLONDEAU, Yves, *Le Syndicat des correcteurs de Paris et de la région parisienne, 1881-1973*, supplément au Bulletin des correcteurs, 1973.

BOTHEREAU, Robert, *L'Histoire du syndicalisme français*, Paris, Presses universitaires de France, 1945.

BOUAL, Jean-Claude, *Syndicalisme, quel second siècle ?*, Paris, Éditions de l'Atelier, 1995.

BOUDESSEUL, Gérard, *Vitalité du syndicalisme d'action : la CFDT Basse-Normandie*, Paris, L'Harmattan, 1996.

BOUVIER, *Mes mémoires. Une syndicaliste féministe*, Paris, Maspéro, 1988.

BROVELLI, Lydia, RÉGIN, Tania et WOLIKOW, Serge, *À l'épreuve de l'État*, Paris, Syllepse, 2002.

BRULIN, Göran et DURAND, Jean-Pierre, *Le Syndicalisme au futur*, Paris, Syros/La Découverte, collection « Alternatives économiques », 1996.

BRUNETEAU, Bernard, *Les Paysans dans l'État. Le gaullisme et le syndicalisme agricole sous la Vᵉ République*, Paris, L'Harmattan, 2000.

BRUCY, Guy, *Histoire de la FEN*, Paris, Belin, 2003.

BUISSON, Etienne, *Le Parti socialiste et les syndicats*, Cahiers de la quinzaine, 1907.

BUNEL, Jean, *Pactes et agressions : syndicalisme et relations professionnelles en Argentine*, Paris, Éditions du CNRS, 1999.

CONFÉDÉRATION GÉNÉRALE DU TRAVAIL, SYNDICALISTE RÉVOLUTIONNAIRE, *Les Buts et l'organisation du syndicalisme révolutionnaire*, Paris, CGT-SR, 1927.

CAIRE, Guy, *Les Syndicats ouvriers*, Paris, Presses universitaires de France, 1971.

CALAN, Pierre de, *Les Professions : solutions à la crise du syndicalisme ?*, Paris, Éditions France-Empire, 1965.

CHABOT, Joceline, *Les Débuts du syndicalisme féminin chrétien en France (1899-1944)*, Lyon, Presses universitaires de Lyon, 2003.

CHALLAYE, Félicien, *Syndicalisme révolutionnaire et syndicalisme réformiste*, Paris, La Librairie du Travail, 1932.

CHAMBARLHAC, Vincent et UBBIALI, Georges, *Épistémologie du syndicalisme. Construction disciplinaire de l'objet syndical*, Paris, L'Harmattan, 2005

CHARLOT, Monica, *Le Syndicalisme en Grande-Bretagne*, Paris, Armand Colin,1970.

Classe ouvrière et syndicalisme, *Cahiers d'étude de l'automation et des sociétés industrielles,* Paris, Éditions du CNRS, 1962.

CHEREQUE, Jacques, *La Rage de faire*, Paris, Balland, 2007.

CLOSETS, François de, *Tous ensemble. Pour en finir avec la syndicratie*, Paris, Le Seuil, 1987.

COHEN, Denis, *Pour un syndicalisme durable. Entretien avec Pascal Pogam*, Paris, Le cherche midi, 2003.

COLLECTIF, *Métiers, corporations, syndicalismes,* Toulouse, Presses universitaires du Mirail, 1996.

COLLECTIF, *Le Syndicalisme salarié*, Paris, Dalloz/Sirey, 2002.

COLLECTIF, *Anarchisme et syndicalisme. Congrès anarchiste international d'Amsterdam (1907)*, rennes-Paris, Monde libertaire, 1997.

COLLECTIF, *Le Syndicalisme dans la mondialisation*, Paris, Édition de l'Atelier, 2000.

COLLECTIF, *Aide-mémoire du président de syndicat agricole*, Éditions FNSEA, 1957.

COLLINET, Michel, *L'Ouvrier français : esprit du syndicalisme*, Paris, Éditions ouvrières, 1952.

COUFFIGNAL, Georges, *Les Syndicats italiens et la politique*, Grenoble, Presses universitaires de Grenoble, 2000.

COULAND, Jacques, *Le Mouvement syndical au Liban, 1919-1946*, Paris, Éditions sociales, 1970.

DESANTI, François, *Itinéraire rebelle*, Paris, Le Temps des cerises, 2004.

DESCOTES, Marc et ROBERT, Jean-Louis, *Clefs pour une histoire du syndicalisme cadre*, Paris, Éditions de l'Atelier, 1989.

DETŒUF, Auguste, *Construction du syndicalisme*, Paris, Gallimard, 1938.

DEVIN, Guillaume, *Syndicalisme : dimensions internationales*, Paris, Éditions européennes, 2000.

DIALLO, Yacine, *Guinée : pour un nouveau syndicalisme en Afrique*, Paris, L'Harmattan, 2000.

DIONNE, Bernard, *Le syndicalisme au Québec*, Montréal, Boréal, 1991.

DREYFUS, Michel, *Liberté, égalité, mutualité : mutualistes et syndicalistes (1850-1967)*, Paris, Éditions de l'Atelier, 2001.

DREYFUS, Michel, GAUTRON, Gérard et ROBERT, Jean-Louis, *La Naissance de Force ouvrière : autour de Robert Bothereau,* Rennes, Presses universitaires de Rennes, 2003.

DUCHEMIN, René-Paul, *Organisation syndicale patronale en France*, Paris, Plon, 1940.

ENGELS, Friedrich et MARX, Karl, *Le Syndicalisme II : contenu et signification des revendications*, Paris, Maspéro, 1972.

FARHANG, Ghassemi, *Syndicalisme et mouvements politiques en Iran (1900-1953)*, Paris, Zagros, 2007.

FERRATON, Hubert, *Syndicalisme ouvrier et social-démocratie en Norvège*, Paris, L'Harmattan, 2000.

FERRY, Luc, *Les Nouveaux Défis du syndicalisme : rapport n° 3*, Paris, La Documentation française, 2007.

FIEVET, Michel et TEQUI, André, *Un monde solidaire et sans frontière,* Beaune, La Toison d'Or, 2006.

FROSSARD, Ludovic-Oscar, *Du syndicat à la corporation*, Lyon, Éditions du livre français, 1942.

FUSULIER, Bernard, *Ouvrier, usine et syndicalisme wallons*, Louvain-la-Neuve, Academia-Erasme, 2000.

GARCIA, Raphaël, *Sortir du syndicalisme gaulois. Les dessous des cartes*, Paris, Éditions d'organisation, 2003.

GEAY, Bertrand, *Syndicalisme enseignant*, Paris, La Découverte, 2005.

GEORGI, Frank et PROST, Alain, *L'Invention de la CFDT, 1957-1970. Syndicalisme, catholicisme et politique dans la France de l'expansion*, Paris, Édition de l'Atelier, 1995.

GESLIN, Claude, *Le Syndicalisme ouvrier en Bretagne. Jusqu'à la Première Guerre mondiale*, Saint Hippolyte-du-Port, Espace Écrits, 1990.

GOETZ-GIREY, Robert, *La Pensée syndicale française : militants et théoriciens*, Paris, Armand Colin,1948.

GUILLON, Roland, *Les Syndicats dans les mutations et la crise de l'emploi*, Paris, L'Harmattan, 2000.

HORNN, Georges, *Syndicalisme et service public de la radio-télévision*, Paris, L'Harmattan, 1992.

HUC, Michel et HUSSON, Didier, *J'y crois dur comme fer. Une autre vision du syndicalisme*, Paris, Éditions de la Voûte, 2004.

JOUHAUX, Léon, *Le Syndicalisme et la CGT*, Paris, La Sirène, 1920.

JOUVENEL, Henri, *Pourquoi je suis syndicaliste*, Paris, Éditions de France, 1928.

JULLIARD, Jacques, *Autonomie ouvrière : études sur le syndicalisme d'action directe*, Paris, Le Seuil, 1985.

–, *Fernand Pelloutier et les origines du syndicalisme d'action directe*, Paris, Le Seuil, 1985.

KARILA-COHEN, Pierre et WILFERT, Blaise, *Leçon d'histoire sur le syndicalisme en France*, Paris, Presses universitaires de France, 1998.

KASPAR, Jean, *Refondre le syndicalisme*, Paris, Gallimard, 2001.

LABBÉ, Dominique, *Syndicats et syndiqués en France depuis 1945*, Paris, L'Harmattan, 2005.

– et COURTOIS, Stéphane, *Regards sur la crise du syndicalisme*, Paris, L'Harmattan, 2003.

LAMBERT, Nathalie et ALIX, Jean-Marie, *Jules Carrez, 1903-1985. Convictions et engagements d'un instituteur dans le pays de Montbéliard (Doubs)*, Belfort, Réalgraphic, 2003.

LANDIER, Hubert, *Demain, quels syndicats ?*, Paris, Le Livre de Poche, 1981.

LARDIN, Jean-Pierre, *Journal de grève*, Paris, CNT-RP, 2005.

LAUBIER, Patrick de, *Histoire et sociologie du syndicalisme, XIXe-XXe siècles*, Paris, Masson, 1985.

LE BARS, Loïc, *La Fédération unitaire de l'enseignement (1919-1935). Aux origines du syndicalisme enseignant*, Paris, Syllepse, 2005.

LE BEON, Roger, *Le Syndicalisme politique en accusation*, Chiré-en-Montreuil (Vienne), Chiré, 1975.

LE BOURRE, Raymond, *Le Syndicalisme français dans la Ve république*, Paris, Calmann-Lévy, 1959.

LE BRUN, Pierre, *Questions actuelles du syndicalisme*, Paris, Le Seuil, 1965.

LE QUENTREC, Yannick, *Employés de bureau et syndicalisme*, Paris, L'Harmattan, 2000.

–, *Les Employés de bureau et le syndicalisme : hérita*, ANRT, 1998.

LEFRANC, Georges, *Le Syndicalisme en France*, Paris, Presses universitaires de France, 1968.

–, *Le Syndicalisme dans le monde*, Paris, Presses universitaires de France, collection « Que sais-je ? », 1955.

–, *Syndicalisme en France*, Paris, Presses universitaires de France, collection « Que sais-je ? », 1973.

–, *Le Mouvement syndical sous la troisième République*, Paris, Payot, collection « Bibliothèque historique », 1969.

–, *Les Expériences syndicales en France*, Paris, Aubier, 1950.

–, *Les Expériences syndicales internationales des origines à nos jours*, Paris, Aubier-Montaigne, 1952.

–, *Les Expériences syndicales en France de 1939 à 1950*, Paris, Aubier-Montaigne, 1952.

LENOIR, Hugues et MARAIS, Jean-Louis, *Syndicalisme et formation*, Paris, L'Harmattan, 2000.

LEVARD, Georges, *Chances et périls du syndicalisme chrétien*, Paris, Fayard, 1955.

LEVINSON, Charles, *Le Contre-pouvoir multinational : la riposte syndicale*, Paris, Le Seuil, 1974.

LINHART, Danièle et KERGOAT, Jacques, *Transformation du syndicalisme en France*, Paris, La Documentation française, 1998.

LOUIS, Paul, *Histoire du mouvement syndical en France, 1789-1906*, Paris, Félix Alcan, 1907.

–, *Le Syndicalisme français d'Amiens à Saint-Étienne*, Paris, Félix Alcan, 1906.

MAGNIADAS, Jean, *Le Syndicalisme de classe,* Paris, Éditions sociales, 1996.

MAILLARD, Christophe, *BIÉTRY Pierre (1872-1918) : du socialisme au nationalisme ; ou l'aventure du leader des Jaunes à la Belle Epoque*, thèse d'histoire, Paris X-Nanterre, sous la dir. de Stéphane Courtois, 2005.

MANFREDONIA, Gaetano, *Anarchisme et changement social : insurrectionnalisme, syndicalisme*, Lyon, Atelier création libertaire, 2007.

MARCHAL, André, *Le Mouvement syndical en France*, Paris, Éditions Bourrelier, 1945.

MARJOLIN, Robert, *L'Évolution du syndicalisme aux États-Unis*, Paris, Félix Alcan, 1936.

MARTIN, Jean-Philippe, *Histoire de la nouvelle gauche paysanne. Des contestations des années 1960 à la Confédération paysanne*, Paris, La Découverte, 2005.

MARTINET, Gilles, *Sept syndicalismes : Grande-Bretagne, R.F.A., Suède, Italie, France, États-Unis, Japon*, Paris, Le Seuil, 1979.

MARX, ENGELS, LÉNINE, *Sur l'anarchisme et l'anarcho-syndicalisme*, Moscou, Éditions du Progrès, 1973.

MARX, Karl, *Syndicalisme*, tome 1, Paris, La Découverte, 1972.

MILLOT, Michèle et ROULLEAU, Jean-Pol, *Cadres : bien gérer vos délégués. Le syndicalisme dans l'entreprise*, Paris, L'Harmattan, 2004.

MORDER, Robi, FISCHER, Didier, MONCHABLON, Alain et SABOT, Jean-Yves, *Naissance d'un syndicalisme étudiant*, Paris, Syllepse, 2006.

MOURER, Robert, *Mineurs de charbon lorrains : dans l'histoire d'une région frontalière (1856-2004). L'empreinte du syndicalisme chrétien*, Sarreguemines, Éditions Faïencité, 2005.

MOURIAUX, René, *Le Syndicalisme en France depuis 1945*, Paris, La Découverte, 2006.

–, *Le Syndicalisme en France*, Presses universitaire de France, collection « Que sais-je ? », 2005.

–, *Le Syndicalisme dans le monde*, Paris, Presses universitaire de France, collection « Que sais-je ? », 2007.

OLMI, Janine, *Oser la parité syndicale. La CGT à l'épreuve des collectifs féminins : 1945-1985*, Paris, L'Harmattan, 2007.

OZANAM, Charles, *Associations, syndicats et fondations. Leur formation et leur fonctionnement*, Paris, Sirey, 1947.

PASTEUR, Paul, *Être syndiqué(e) à l'ombre de la croix potencée : corporatisme, syndicalisme en Autriche, 1934-1938*, Rouen, Presses universitaires de Rouen, 2002.

PASTURE, Patrick, *Histoire du syndicalisme chrétien international. La difficile recherche d'une troisième voie*, Paris, L'Harmattan, 2000.

PATILLON, Christophe (dir.), *Le Syndicalisme et ses armes*, Marseille, Agone, 2005.

PELLING, Henry, *Histoire du syndicalisme britannique*, Paris, Le Seuil, 1967.

PESCHE, Denis, *Le Syndicalisme agricole spécialisé en France : entre la spécificité des intérêts et le besoin d'alliances*, Paris, L'Harmattan, 2000.

PIGENET, Michel, PASTURE, Patrick et ROBERT, Jean-Louis (dir.), *L'Apogée des syndicalismes en Europe occidentale 1960-1985*, Paris, Publications de la Sorbonne, 2005.

PINAULT, Henri, *Syndicalisme et démocratie dans l'entreprise*, Paris, L'Harmattan, 2000.

POGGIOLI, Morgan, *La CGT du Front populaire à l'État français (1934-1940). De la réunification à la scission, de la scission à la dissolution*, thèse d'histoire contemporaine, université de Bourgogne, sous la dir. de S. Wolikow, 2005.

POPEREN, Maurice, *Syndicats et luttes ouvrières au pays d'Anjou*, Laval, SMEPP, 1964.

PORTIS, Larry et PASSEVANT, Christiane, *Le Syndicalisme révolutionnaire aux États-Unis*, Paris, Spartacus, 2003.

POUGET, Émile, *1906. Le congrès syndicaliste d'Amiens*, Paris, CNT-RP, 2006.

PRIGENT, Alain et GESLIN, Claude, *Les Instituteurs des Côtes-du-Nord. Laïcité, amicalisme et syndicalisme sous la IIIe République*, Fréhel, Astoure, 2005.

PROST, Antoine (dir.), *Le Syndicalisme à mots découverts*, Paris, Syllepse, 1998.

RATER-GARCETTE, Christine, *La Professionnalisation du travail social. Action sociale, syndicalisme, formation, 1880-1920*, Paris, L'Harmattan, 1996.

REBIFFE, Jean, *Les Principes de l'économie rurale, du syndicalisme, du crédit, de la mutualité et de la coopération en agriculture*, Chartres, 1950.

REYMOND-SAUVAIN, Pierre, *Le Syndicalisme en Suisse : son histoire, sa structure, ses objectifs, son activité*, Genève, Éditions générales, 1965.

REYNAUD, Jean-Daniel, *Les Syndicats en France*, Paris, Armand Colin, 1969.

RIOTTOT, Yveline, *Joaquín Maurín : de l'anarcho-syndicalisme au communisme, 1919-1936*, Paris, L'Harmattan, 2000.

RIOUX, Lucien, *Clefs pour le syndicalisme*, Paris, Seghers, collection « Clefs », 1972.

–, *Le Syndicalisme*, Paris, Seghers, 1972.

ROSANVALLON, Pierre, *La Question syndicale*, Paris, Hachette Pluriel, 1999.

ROUILLARD, Jacques, *Le Syndicalisme québécois : deux siècles d'histoire*, Montréal, Boréal, 2004.

–, *Histoire du syndicalisme au Québec*, Montréal, Boréal, 1991.

SABOT, Jean-Yves, *Le Syndicalisme étudiant et la guerre d'Algérie*, Paris, L'Harmattan, collection « Logiques politiques », 2000.

SALLERON, Louis, *Naissance de l'état corporatif : dix ans de syndicalisme paysan*, Paris, Grasset, 1942.

SAREMBAUD, Alain et GASSIN, François, *Les Médecins homéopathes français. Histoire d'un syndicalisme de 1932 à nos jours*, Paris, CEDH International, 2005.

SAUDEJAUD, Carole, *Le Syndicalisme chrétien sous l'Occupation*, Paris, Perrin, 1999.

SCHWARZ, Salomon, *Lénine et le mouvement syndical*, Paris, Spartacus, 1935.

SEMYONOVA, Olga et HAYNES, Victor, *Syndicalisme et libertés en Union soviétique*, Paris, La Découverte, 1979.

SEZNEC, Erwan, *Syndicats, grands discours et petites combines*, Paris, Hachette, 2006.

SILVESTRE, Paul et WAGRET, Paul, *Le Syndicalisme contemporain*, Paris, Armand Colin, 1970.

SIWEK-POUYDESSEAU, Jeanne, *Le Syndicalisme des fonctionnaires jusqu'à la guerre froide, 1848-1948*, Villeneuve-d'Ascq, Presses universitaires de Lille, 1989.

–, *Le Syndicalisme des cols blancs*, Paris, L'Harmattan, 1996.

TARTAKOWSKI, Danielle (dir.), *Syndicats et associations. Concurrences ou complémentarités*, Rennes, Presses universitaires de Rennes, 2006.

TCHERNOFF, J., *Les Syndicats financiers*, Paris, Sirey, 1930.

TESSIER, Jacques, *La CFTC. Comment fut maintenu le syndicalisme chrétien*, Paris, Fayard, 1987.

THUDEROZ, Christian, *La Boîte, le singe et le compagnon : syndicalisme et entreprise*, Lyon, Presses universitaires de Lyon, 1995.

THWAITES, James, *Travail et Syndicalisme*, Laval, Presse universitaires de Laval, 2003.

–, *Travail et syndicalisme. Naissance et évolution d une action sociale*, Laval, Presses universitaires de Laval, 2002.

TIXIER, Pierre-Eric, *Mutation ou déclin du syndicalisme ?*, Paris, Presses universitaires de France, 2005.

TOLLET, André, *Ma traversée du siècle. Mémoires d'un syndicaliste révolutionnaire*, Paris, VO éd., 2003.

TOMICHE, Fernand-J., *Syndicalisme et certains aspects du travail en République arabe unie : Égypte, 1900-1967*, Paris, Maisonneuve et Larose, 1974.

TOZZI, Michel, *Syndicalisme et nouveaux mouvements sociaux. Régionalisme, féminisme, écologie*, Paris, Édition de l'Atelier, 1989.

VAKALOULIS, Michel, *Le Syndicalisme d'expérimentation*, Paris, Presses universitaires de France, 2007.

VALLA, Jean-Claude, *Georges Valois. De l'anarcho-syndicalisme au fascisme (Les cahiers libres d'histoire)*, Paris, Librairie nationale, 2003.

VIANNET, Louis, *Syndicalisme, les nouveaux défis. Entretiens du secrétaire général de la CGT avec Jean-Claude Poitou*, Paris, Éditions de l'Atelier, 1995.

VIGNAUX, Paul et MAIRE, Edmond, *De la CFTC à la CFDT, syndicalisme et socialisme. « Reconstruction », 1946-1972*, Paris, Éditions de l'Atelier, 1989.

WAGNER, Anne-Catherine, *Vers une Europe syndicale. Une enquête sur la Confédération européenne des syndicats*, Paris, Éditions du Croquant, 2005.

WEBER, Louis et ROBERT, André D., *Miroir du syndicalisme enseignant*, Paris, Syllepse, 2007.

WINNYKAMEN, Maurice, *Quel avenir pour le syndicalisme ?*, Paris, Page après Page, 2004.

ZIMMERN, Bernard, *La Dictature des syndicats*, Paris, Albin Michel, 2003.

ZIRNHELD, Jules, *Cinquante années de syndicalisme chrétien*, Paris, Spes,1937.

Table des matières

DEUXIÈME PARTIE

La débandade

Photocomposition Nord Compo
Villeneuve-d'Ascq

« Pour l'éditeur, le principe est d'utiliser des papiers composés de fibres naturelles, renouvelables, recyclables et fabriquées à partir de bois issus de forêts qui adoptent un système d'aménagement durable.

En outre, l'éditeur attend de ses fournisseurs de papier qu'ils s'inscrivent dans une démarche de certification environnementale reconnue. »

Achevé d'imprimer en avril 2008
par ***Bussière***
à Saint-Amand-Montrond (Cher)

35-57-3522-6/01

ISBN 978-2-213-63282-7

Dépôt légal : mai 2008.
N° d'édition : 97946. – N° d'impression : 081513/4.

Imprime en France